社会人が大学講師になるためのマニュアル

定年後は自分の経験を大学で生かそう

二階堂幸弘

NIKAIDO
Yukihiro

文芸社

まえがき
〜大学講師になるのは簡単ではなかった！〜

「外務省退職後、6つの大学・専門学校で非常勤講師を
やっている」という話をすると、「引く手あまたですね」「外務省ご出身だから、セカンドライフへの移行がスムーズだったのですね」と言われることがある。これは全く違う。外務省を退職するまでにさまざまなノウハウを積み重ねたからこそ、今の自分がある。そこが評価されて採用されたのであって「外務省」という肩書で採用されたのではないと思う。

　本格的に大学の非常勤講師を目指してから採用まで、私は3年かかった。

　私の定年は63歳で、定年後のことを考え始めたのは50代後半だった。ただその頃は漠然と「定年後、何かしなくては」と思っていただけで、具体的なことは何もしなかった。それが60歳になり、あと3年しかない、と少し焦り、とりあえずシニア就活サイトをいろいろチェックしたが、あまりピンとくるものがなかった。

　少し落ち着いて、自分は何がやりたいか、何ができるかを今までの自分の経験を振り返って考えてみた。その時思い出したのが外務省時代に、日本及び海外のいろい

ろな学校で講演をした時のことだった。みんな真剣に話を聞いてくれ、質疑応答で学生たちとも対話もでき、とても楽しく充実した時間だった。それを思い出し、定年後は教育の分野で若者支援をやりたいと考えた。

若者支援にはさまざまな形があるが、多くの若者と接する大学の教員が最も理想的だと思ったのだ。ほとんど経験のない分野だったが是非チャレンジしてみたいと考えた。

しかし、どのようにしたらそのような仕事に就けるのかは全く分からなかった。ガイド本は殆どなく、ネット上にもあまり情報が掲載されていなかった。

そこで知り合いの大学の先生に会いに行き、アドバイスを求めた。あとで詳しく説明するが、採用情報は基本 JREC-IN Portal というサイトにあること、教員の世界は競争が激しく、一人で100件以上応募する人がたくさんいること、外務省・外交官の肩書は役に立たないと言われた。

早速 JREC-IN Portal のサイトをチェックし、応募を始めたが、なしのつぶてだった。もし定年前にどこかに採用が決まったら少し早めに外務省を辞めようと考えていたが、それを考える必要はなかった。今思うと、この頃は常勤教員中心に応募していたことが基本的な間違いだったと思う。こうして1年目が終わり、この結果を前

述の先生に報告したら、「常勤はとても厳しいので非常勤にも応募してはどうか」と言われ、方針変更を余儀なくされた。

2年目は非常勤のみに応募をしたが、実家の父が入院する事態になり、母はあまり自由に動けないので家内と交替で、頻繁に実家に行くことになった。教員応募も事実上ストップした。こんな感じであっという間に1年が過ぎてしまった。この時点で応募件数は100を超えていた。

講師になってから、多くの定年前の人やシニアから「大学講師になりたいけどどうしたらいいの？」という質問を受けた。大学講師はとてもやりがいがあり、とりわけ私のようなシニアにぜひ挑戦してほしいと思っているので、このような質問をした方に自分の経験を役に立てたいと思った。

そのためにこの本で自分の経験をざっくばらん、かつ率直に紹介したい。なお本書で扱うのは基本的に「非常勤」講師の世界だ。本書で詳しく説明するが常勤は別世界で、ハードルは極めて高い。

私が苦労した理由は情報不足だった。まず大学教員、特に非常勤講師についての実態・採用については書籍・ネットにもあまりない。授業ノウハウについては若干あ

るが、専門的なものが多く、私のような初心者にはあまり役に立たなかった。オンライン授業についても同じだった。

このような理由から、本書ではまず、非常勤講師の実態について説明し、採用のノウハウを紹介する。特に私の場合の具体例を説明する。その後、授業ノウハウについて私の授業経験（2020年春学期から2024年春学期まで）で参考になると思うことを紹介する。なお、私は専門学校でも教えているが、専門学校の教員もとてもおすすめなので、これについては本文で説明する。

自分の経験を生かして大学で教えたいと考えている人は多いと思う。ただ多くの人が自分には無理だと思っているだろう。そういう人には諦めないでチャレンジしてほしい。この本が少しでもそのような方の役に立てば幸いである。

本書はマニュアルなので目次を見て関心のあるところから読んでいただきたい。なお、本書で紹介した諸情報は出版時点のもので、特にネット情報は頻繁に更新されることを了解願いたい。

まえがき 〜大学講師になるのは簡単ではなかった！〜 3

第1部 大学非常勤講師とは ——— 15

私の動機と大学講師のやりがい 16
なぜ大学教員になりたいと思ったか 16
大学講師5つのやりがい 18

大学非常勤講師の実態 20
教員の種類 20
給与、定年、任期に関する基本事項 21
大学非常勤講師の給与例 22
常勤教員と非常勤教員 23

|COLUMN|
非常勤講師の控え室は共同利用が基本 25

注目されてきた実務家教員とは 27
実務家教員へのニーズ、期待はどのようなものか 27
実務家教員育成コースがある 28
実務家教員に関する調査結果 29

第2部 大学講師の求人に応募する —— 31

▶応募の基本的な流れ 32

応募の前に確認すべきこと 32

人生の棚卸し—教えられることは何か 33

▶実際に求人情報を見る 34

科目は多種多様で、実務経験が生かせる科目も多い 35

教えたい科目の公募がない場合 36

求人情報の「再掲載」「急募」はチャンスかも 38

▶応募から1年間の流れ 39

応募締め切り日 40

結果の連絡 40

面接はとても重要 41

模擬授業は十分準備して臨む 42

▶採用が決まったら 43

勤務条件等に関する文書は必ず読むこと 43

契約期間、解職に関する規定例 43

▶応募方法の詳細 45

大学教員求人情報は基本的にJREC-IN Portalで 45

学会や民間の求人サイトの求人情報 46

大学教員採用はほとんどがコネ？　46

▶応募する大学・科目　49

大学だけでなく幅広く。便利な場所にこだわらない　49

JREC-INに求人情報のある教育機関の種類　50

どの科目に応募するか　50

大学専門分野の具体例　51

▶応募条件　53

修士号取得は長い人生での選択肢を増やすための挑戦　53

修士課程はこんなにたくさんある　54

自分に合う修士コースを探す　55

修士コース費用はこれぐらい　57

充実した各種学費補助制度　57

海外の大学の修士コースという選択もある　59

▶教員を目指す人のための社会構想大学院大学　62

リカレント教育について　64

実務教育研究科カリキュラム解説　65

実務家教員養成課程カリキュラム例　66

▶学会の会員になって求人情報を得る　68

論文　68

本　69

▼応募書類基本　70

履歴書・研究教育業績書　70

必要書類の記載例　71

実務教員特記事項はとても重要　72

「志望動機・抱負」は自分をアピールする最大のチャンス　73

┃COLUMN┃

専門学校のすすめ　75

第3部　採用後、授業はどう行うか —— 77

▼シラバスはとても重要　78

シラバスの役割　79

シラバスの作成指示例　79

動画や大学のサイトで書き方を見る　80

シラバスの具体例　81

▼授業基礎　88

授業方法・内容はすべて自分で決める　88

教科書の選定　89

長い授業をどう構築するか　90

授業内容は最新の情報をベースに　91

どの授業にも求められるインタラクティブ授業　92

インタラクティブ授業の特徴　93

インタラクティブ授業について学べる動画　93

授業スタイルはほかの先生から学ぶ　94

▶授業応用　96

試行錯誤で授業ノウハウを学ぶ　96

大学の授業・学生管理システム概要　97

授業スキルが学べる動画　98

MOOCから学ぶ　99

（ムーク）

┃COLUMN┃

質問しない学生にどうやって質問させるか　101

▶試験、評価はシステムに入力　103

成績を決める際の注意点　103

成績の付け方　104

私のレポート評価方法例　105

学生による授業評価はとても重要　106

いくつぐらいの科目を担当するか　106

契約更新の基本的な流れ　107

第4部　非常勤講師あれこれ ──── 109

▶ハラスメントの知識を身につける　110

ハラスメントの例　111

「パワハラ」と「指導」の違いとは　112
学生便覧に目を通そう　113

▶私の経験したハラスメント問題　115
外務省時代に学んだこと　115
大学教員になって学んだこと　116
授業で特に注意していること　117

▶学生たちと講師の今　120
授業中の学生たちの様子　120
学生を注意するとき、叱りたいとき　123
多様化する学生─留学生・社会人・障害者　124
昔より教員と学生の距離が近い　125
一番難しいのが再履修クラス　126
就活中の学生への言葉　126

▶非常勤講師となってからの変化　128
非常勤講師となってから受けたオファー　128
自分のライフスタイルと非常勤講師　129
１年間の時の流れは早い！　130
人間関係のストレスが減る、服装も気楽　131
辞めたくなったら？　〜非常勤講師職は回転が速い〜　132

第5部　授業に役に立つパソコン操作 ― 135

▌**オンライン授業は今後もありうる**　136

　パワーポイントのショートカットキー　138

　YouTubeのショートカットキー　139

　Windows11タッチジェスチャー　141

　ZOOMのショートカットキー　142

　MS Teamsのショートカットキー　144

あとがき　147

参考資料　149

第5部　授業に役に立つパソコン操作 — 135

▌**オンライン授業は今後もありうる**　136

パワーポイントのショートカットキー　138

YouTubeのショートカットキー　139

Windows11タッチジェスチャー　141

ZOOMのショートカットキー　142

MS Teamsのショートカットキー　144

あとがき　147

参考資料　149

第 1 部

大学非常勤講師とは

私の動機と大学講師のやりがい

　2019年、退職までいよいよ1年となり、教員応募が3年目に入った。教員は諦めて他の仕事を探そうかなと真剣に考えたが、まだ1年ある、と思い直した。自分のやりたいことは最後まで諦めたくなかった。お世話になっている先生や家族からも、最後まで諦めるな、と励まされた。応募書類についても根本的に見直した。採用者の立場になって、何をどのように書くべきかを考えた。そして退職半年前にやっと最初の採用が決まった。

　1つ目が決まった後はそれが経歴に書けたこともあってか、比較的早く2つ目、3つ目が決まった。この間、出版をし、その後決まったポストもあった。その結果、6つの大学・専門学校の掛け持ち講師となった。当初こんなにいろいろな場所で働くことは想定していなかったのでこのような機会を与えてくれた各校には本当に感謝している。

▶ なぜ大学教員になりたいと思ったか

「なぜ大学で教えたいと思ったのですか」と聞かれる。もともと小中学校生の時はなんとなく先生になるのにあ

こがれていた。自宅の近くに教育大学があり、よくそこから教職研修で、私が通っていた小中学校へ来る先生がいて、私を含む多くの生徒のあこがれの存在だった。今は違うのかもしれないが当時は生徒と研修の先生の関係が近く、今ほど決まりも厳しくなく、放課後、みんなで先生のアパートに遊びに行ったりもした。

これが高校に行って全く変わってしまった。1年間AFS交換留学生としてアメリカへ行ったのだが、帰国したら、「もっとアメリカのことを知りたい。もっと世界を知りたい」という漠然とした思いが強くなった。

大学生時代は基本的にボランティアとバイトの日々だった。AFSプログラムで留学する全国の高校生の留学までのさまざまなサポートをしたり、全日本中学校英語弁論大会に参加する中学生のお世話をした。小中学生の頃のあこがれの気持ちを思い出し、「やっぱり子供と接するのは楽しいし、やりがいがあるな」と思った。ただ海外志向の方が強かったので、それはとりあえず忘れて外務省を目指した。

外務省時代にいろいろな国で活躍している日本人の若者に出会った。彼らの多くは途上国支援に従事していた。国際機関やNGOで働いている若者、海外協力隊として途上国派遣されている若者。みな、さまざまな困難な問題を抱えつつ現地で頑張っていた。このような素晴らし

い何百人という若者との出会いを通じて、退職後はこの
ような若者の意志を引き継ぐ若者の育成や応援をしたい
と考えた。大学講師になることがこれを行うための有効
な選択の一つで、またこれで遅ればせながら先生になり
たいという自分が子どもの頃の夢を、かなえることがで
きると思った。

● 大学講師5つのやりがい

よく「大学講師は楽しいですか？」と聞かれる。結論
から言って決して楽しいとは言えない。いまだに緊張と
試行錯誤の日々で授業が終わるとどーっと疲れる。ただ
とてもやりがいがある。私にとっては具体的に次の5つ
のやりがいがある。

（1）自分の知識・経験が生かせる

学生は抽象的な話より具体的な話を好む。特に自分の
知らない話には関心がある。私が「イランの女性は実は
とても強いのですよ」と話すと学生は真剣に聞いてくれ
る。

（2）自分をアップデートができる

過去の知識や経験だけに頼って授業は続けられない。
日々新しい情報を入手し、自分をアップデートしながら

授業を行う必要がある。

（3）学生とやり取りができる

　学生とのやりとりは緊張もするので簡単ではない。しかし学生との会話は刺激的な時もあり、実は学生から学ぶこともとても多い。

（4）学生の成長を見ることができる

　学生の学力が学期初めに比べて学期末で伸びていると、とてもうれしい。試験やレポートで目に見える数字の形だ。また当初はあまり発言しなかった学生が、学期末には別人かと思うほど元気になっている場合がある。学力だけでなく、人としても成長したわけだから本当に嬉しい。

（5）学生の感想が聞ける

　学生による授業評価などで「授業は役に立ちました」と書いてあると、「よし、来年度も頑張ろう」と思える。もちろんネガティブなコメントもある。その場合はめげずに次年度改善すればいい。

大学非常勤講師の実態

> 給与は90分1コマで1万円前後。1学期15コマ。
> 定年は60〜70歳。基本1年契約。

　企業人や有名タレントなどが大学の講師となっている
のは読者もご存じだろう。彼らは教員資格を持っている
わけではない。私もそうだ。大学生に教えるにふさわし
い内容、知識を持っている人間なら誰でも大学は受け容
れるのか。そうではない。もちろん、厳しい条件がある。
そして、高齢の教授がいるように定年とは無縁だとか、
いつまでも安定的な収入が得られるという印象があるか
もしれない。しかし、あらゆる企業や団体がいくつもの
層の組織であるように大学もさまざまな教員で構成され
ている。

● 教員の種類

　大学教員の種類は大学により異なる場合があるが、教
授、准教授、専任講師、助教、研究員、非常勤講師とい
うのが標準的で、非常勤講師以外は常勤の教員である
（JREC分類参考）。

それでは、非常勤講師の実態を紹介しよう。

◉ 給与、定年、任期に関する基本事項

　給与は大学により差がある。年齢や経歴により差がある場合もある。募集要項に書いてない場合が多いので、気になる人は応募の前に大学に聞いたほうがよい。

　授業時間は1コマ90 〜 105分だが、事前準備や事後には課題・レポートなどの採点作業があるので実労時間はそれをかなり上回る。交通費も支給されるが、上限がある場合が多い。私はある時新幹線で通勤できそうな大学への応募を考えたが、交通費の関係で諦めたことがある。

　定年は「満65歳。任期の期間中にその年齢に達した場合はその年度末に退職」などと募集要項に記載されているが、私の経験では定年についても記載が全くない場合がかなり多かったので、いちいち大学に照会した。一度定年を確認せず応募したら、大学から年齢が定年を超えていますとの連絡がすぐ来て、無駄な作業をしてしまった。私の感じでは65歳定年が多いと感じたが、70歳も少しずつ増えているように思う。それどころか75歳という大学もあると聞いた。さらに非常勤講師については明確な定年がない大学もあるらしい。

任期は基本1年で、年度末に更新協議・手続きが行われる。「契約更新可。ただし5年を超えて在職することはできない」など更新期間に上限がある場合がある。

　この章では一番関心があると思われる給与の具体例を示し、次に常勤と非常勤について説明する。その後大学教員を目指す人が知っておいたほうがよい実務家教員の世界について詳しく言及する。

▶ 大学非常勤講師の給与例

　ここで給与例を紹介しよう。ある大学では「1コマ90分で1万円〜で業績・経験などにより決定」と書かれているかと思えば、別の大学では「1コマ8400円〜1万4000円」と初めから価格帯に幅を持たせた書き方をするところもある。また、以下のように年齢で分かれている大学もあったりする。

月額給与（週1コマ）	
30歳以下	23,500円
30歳以上	24,500円
35歳以上	25,500円
40歳以上	26,400円
45歳以上	27,300円
50歳以上	28,200円

55歳以上	29,800円
60歳以上	29,800円
65歳以上	30,500円

● 常勤教員と非常勤教員

　さて、常勤と非常勤では、職務内容も全く異なる。常勤は教育業務以外に研究業務、管理業務、社会貢献を行うことが義務となっているか期待されているが、非常勤は基本的に教育業務だけである。もちろん非常勤でも教育業務以外のことを行うことは禁止されているわけではなく、むしろ歓迎されるが、義務ではない。

　私の場合、大学の依頼により海外で働くことを希望している学生と懇談し、そのような学生のために英語の推薦状を書いたことがあるが、これはすべてボランティアベースで行った。

　私は当初常勤のポストに応募していたが、応募には基本的に博士号が必要なので諦めた。ただそれでよかったと思っている。いろいろな先生に会って大学教員の生活について話を聞いたが、全員から「とにかく常勤は大変だからすすめない」と言われたのだ。先に述べたように授業以外に自分の専門分野について研究活動をして、それを論文として発表しなければならない。加えて学生対応を含むさまざまな管理業務がある。問題がある学生や

なんらかのサポートが必要な学生対応、就活支援。また
学内では出席が求められるさまざまな会議がある。夏休
み、春休みにもやることがたくさんある。学外でも学会
活動、地域サポート・連携プロジェクトがある。もちろ
んそれに見合うだけの給与をもらっているのだから当然
と言えばそうだが、とにかく私には常勤の仕事は無理だ
と思った。

COLUMN

非常勤講師の控え室は共同利用が基本

　常勤と非常勤の世界は別世界だ。常勤は毎月給与が支給されるが、非常勤はコマベースの支給だ。非常勤には個室はないが、多くの大学には非常勤講師が共同で使う講師控え室があり、そこにコピー機、大学PCなどが置いてある。大学によりかなり差があり、無料のドリンクなどがある場合もある。ただ控え室の場所が教室から遠い場合もあり、その場合はとても不便だ。

　控え室に各講師用の連絡ボックスがある場合が多く、大学からの連絡は基本メールで来るが、文書による連絡が必要な場合はここに入っているので、ときどきチェックする必要がある。控え室が遠いとの理由でチェックしていなかったらボックスがいっぱいになっていたことがあり、焦った。

　ちなみに、非常勤講師控え室では、いろいろな講師と会えて面白い。さまざまなバックグラウンドを持つ人が集う。

　非常勤講師は、若い人からシニアまでかなり幅広くチャレンジできるし、もちろん性別も国籍も関係ない。長年やっている人もいれば、私のように経験が浅い人間もいる。講師をステップにして、さらに上を目指す人も

いる。

　ガチガチの組織で働いてきた私のようなシニアには、自分がやりたいことだけやればいいということで、大きな解放感がある。育児などで職場を離れていた女性の再就職先としても十分にありうる。

注目されてきた実務家教員とは

　時代のニーズに合わせて、最近特に大学講師に、「実務家教員」が増えている。

　実務家教員とは一般には、企業・官公庁その他における実務経験を通して培われた知識・スキルなどを生かして、大学及び大学院、短期大学、高等専門学校など各種高等教育機関において、教育・研究その他の職務に従事する教員を意味する。

　実務家教員の数については、文部科学省の2023年7月に公表された2022年度学校教員統計中間報告によれば、2021年度中に新規採用された大学教員11221人のうち、採用直前の勤務先が民間企業であった者は1284人で約1割だった。この他官公庁が504人、自営業が154人だった。以上は常勤教員についての数字だ。実務経験を生かして大学で非常勤講師をしている人の数についての統計はないようだが、上の数字から推測してかなりの数になるのではないかと考えられる。

● 実務家教員へのニーズ、期待はどのようなものか

　常勤、非常勤を問わず実務経験を有する教員のニーズは今後いっそう高まると思われる。人材育成の変革は、

我が国にとって喫緊の課題。ところが、日本の高等教育には、授業外学習時間の少なさや、社会人の学び直しの低調さなど、大きな課題がある。

このような背景から、今日、学生も社会人も学び続け、チャレンジし続ける社会の実現のため、中心的役割を担う実務家教員への期待はかつてなく高まっている。求められる実務家教員は、学びと仕事をつなぐことにより、学生の動機づけを高めるとともに、社会人をリカレント教育へ惹き付ける役割を果たすことが期待されている。リカレント教育については、第2部で詳述する。

◉ 実務家教員育成コースがある

こうしたニーズを踏まえ、2019年度に文部科学省が開始した「持続的な産学共同人材育成システム構築事業」において、東北大学、名古屋市立大学、社会構想大学院大学、舞鶴工業高等専門学校、それぞれを代表校とする全国4拠点が、体系的な実務家教員育成研修プログラムを実施し、教育のプロとしての実務家教員候補者を輩出するとともに、現職実務家教員のスキルアップの機会を提供している。

主要なプログラムの概要は以下である（以下の出典：JREC-IN Portal）。

○産学連携教育イノベーター育成プログラム

・実施大学：東北大学、熊本大学、大阪府立大学、
　　　　　　立教大学

・目的：実践的かつ深い学びを追求し、学生も社会人も
　学び続ける教育、未来を拓く人材輩出のため、変革を
　先導するイノベーターを育成

○進化型実務家教員養成育成プログラム

・実施大学：名古屋市立大学、岐阜薬科大学、
　　　　　　高知県立大学、中京大学

・目的：社会変動や最先端技術を分かりやすく解説し啓
　蒙する役割を担い、社会変動に多職種連携で対応でき
　る高度専門人材を育成

○実務家教員養成課程

・実施大学：社会構想大学院大学、日本女子大学、
　　　　　　武蔵野大学、事業構想大学院大学

・目的：高等教育機関等のみならず、専門学校、私教育、
　人材育成会社、組織内研修、企業内大学など多岐に活
　躍する人材を育成

◉ 実務家教員に関する調査結果

　2022年3月、文部科学省は50の高等教育機関のアン

ケート回答をまとめ、「大学等における実務家教員の採用に関する調査結果」として発表した。その調査項目は以下につき実務家教員について大変参考になる結果を示している。

各機関の規模
どのような方法で実務家教員を募集しているか
どのような選考基準で実務家教員を採用しているか
実務家教員を採用している目的は何か
実務家教員の採用の効果
今後、実務家教員の採用を増やすか
実務家教員に期待する知識・能力・経験は何か
実務家教員はどのような役割を担っているか

第2部

大学講師の求人に応募する

応募の基本的な流れ

　ここでは応募上の注意事項、面接・模擬授業、勤務関係文書について説明する。

▶ 応募の前に確認すべきこと

　まず、非常勤講師に応募する前に、自分のやりたいことをよく考えておく必要がある。私の場合、前述のように外交官としての経験を生かして若者支援をやりたいというのがそれだ。

　定年後の仕事としてやりがいがあるから、というのもいい。実際にやりがいは十分だ。

　もちろん若い方は非常勤講師としての経験を生かして次のステップにつなげるという目的もあるだろう。そういう方には最終的に教授職を目指す人が多いだろう。

　ただ、経済的に非常勤講師の待遇は授業以外に事前の準備と事後の採点などの作業を考えると、必ずしも高いとはいえない。収入アップを第一の目的とするなら、他の職がいいだろう。私が知っている他の非常勤講師の応募動機で圧倒的に多いのが今までの経験を教育の現場で生かしたいというのと、フルタイムではなく自分のライフスタイルに合わせて働けるという2つだった。

● 人生の棚卸し―教えられることは何か

　動機と同時に、何を教えることができるかを見極めることが肝心だ。今までの人生で得た経験・能力を洗い直し、客観的な評価を行うことが必要になる。

　例えばビジネス経験が豊富な人は、その経験から具体的に授業内容として何を学生に伝えることができるかを詳しく考えてみるとよいと思う。さらに自分が持つノウハウを生かすことができる科目とその授業内容をシラバスのように文章化してみると、自分が狙うべき公募ポストがかなり明確になる。

実際に求人情報を見る

「応募動機」と「できること」をしぼり込んだら、早速、大学講師の求人情報を眺めてみよう。

　私が学生の時は学部・学科といえば文系なら文学部、法学部、経済学部、経営学部などが多かったが、今は当時なかったさまざまな名称の学部・学科がある。どの大学も社会と学生のニーズの変化に伴い、卒業後即戦力になる学生を育成するために学部・学科名にも工夫している。

　例えば文系では「国際」「グローバル」「文化」「コミュニケーション」「ビジネス」「観光」「こども」「人間」などの言葉が入ったものが多い。理系も同じで工学部、理学部だけでなく「情報」「環境」「コンピュータ」「ロボット」「宇宙」などの名が入っている学部・学科がたくさんある。

　さらに文系理系の壁を越えた「データサイエンス」といった学部・学科も新設されている。どの学部・学科でもカタカナ言葉が入っているものが多くなっている。私が教えている大学に「モチベーション行動科学部」があるが、名称を聞いて、ここで何が学べるのか、ここで学んだ学生はどのような分野で活躍するのだろうかと考えただけでもワクワクする。

● 科目は多種多様で、実務経験が生かせる科目も多い

　これらの学部・学科は最先端・最新の内容を提供する必要があるが、今までの教員ではすぐ対応できない場合がある。そこにその分野で実務経験を持つ社会人が非常勤講師として活躍できるチャンスがある。

　英語も以前はどの大学も「英文読解」が中心だったが、今は「リスニング」「スピーキング」の科目を提供するのが普通で、さらにスピーキングは「日常会話」に加え、「スピーチ・プレゼン」「ディスカッション」「ビジネス英語」「キャビンアテンダント英語」などのかなり細分化された科目を提供している大学もある。

　今後も世の中の変化につれ、新しい学部・学科が生まれることは間違いなく、それにともない新しい科目も設けられるので、これに迅速・柔軟に対応できる教員のニーズは高まると思う。

　非常勤講師に具体的に何を求めるかは大学・学部・学科・科目により差があると思うが、実務経験を求めている場合が多いと感じた。私の場合、英語については外交官としてどのような英語のスピーチ・プレゼンテーションを行ったか、外交交渉での英語はどのようなものか、そもそもどのように英語を学んだかなどについて学生に伝えることが期待されていると感じている。

現代アメリカ社会入門ではアメリカでの実体験、国際コミュニケーション論では各国で遭遇したコミュニケーション上のさまざまな問題だ。このような実体験は教科書・参考書で学ぶことができず、かつ常勤の教員では対応できない場合があり、ここに非常勤講師へのニーズがあるのだと思う。

● 教えたい科目の公募がない場合

　私は自分の経験から「外交」「国際関係」などの授業なら何とかなると考えた。しかし、この種の科目の公募はほとんどなかった。その理由はこのような科目がないからではなく、このような科目は専任の教授等が担当している場合が多いので、非常勤講師としての公募がほとんどないということが分かった。

　このように自分が教えることができそうな科目の公募が少ない場合は、いろいろな求人情報を見て、逆にそこから自分が何とか教えることができそうな科目を探すのがよい。

　私の場合、そうやって見ると、英語教員の公募がとても多いことが分かった。私は英語を教えた経験は全くなかったが、長年外交官として英語を使って仕事をしてきたので、何とかなるかもしれないと考えて応募した。ただ英語のような科目の場合、公募ポストはとても多いが、

応募者もとても多い。特にどの大学もネイティブの教員が欲しいので競争倍率はかなり高くなる。

　私は「現代アメリカ社会入門」「国際コミュニケーション論」という授業も担当しているが、初めにこれらの公募を見た時は「自分には無理だ」と思った。なぜならこれらを教えるために必要な、学術的にすべてを網羅した知識があるわけではなかったからだ。もちろん大学生にこういう内容の講義をしたこともない。ただ、ダメ元で、頭の体操的に自分に何ができるだろうかとメモを作ってみて、自分の経験を生かした内容にすれば、15回の授業は何とかなるかもしれないと思い、応募した。

　かなり細分化された特殊な科目の場合、公募数は少ないが、これに対応できる人も少ないので倍率があまり高くないということがいえる。そのような分野に少しでも経験がある人は積極的に応募してみるべきだ。

　いずれにしろ自分が教えることができる科目の公募がないと諦めずに、求人情報を細かくチェックして、もしかしたら自分にもできるかもしれないと前向きに考え、積極的に応募することが大事だ。
　担当できそうな科目を狭くとらえず自分がいた業界や関連するジャンルを含めて広く検討することが重要だ。

人脈なども活用しながら、周辺知識を補充すれば当初自分が考えていた以上に担当できる分野・科目が広がる可能性が高くなるはずだ。

● 求人情報の「再掲載」「急募」はチャンスかも

求人情報を見ていると、「再掲載」とか「急募」というのが時々ある。「再掲載」は応募者がいなかったか、適当な応募者がいなかった場合だと想定されるが、かなり特殊な科目の場合が多く、そもそも応募者が少ないと思われる。もしこの分野に経験のある場合は、是非応募するとよいと思う。

「急募」は1月ごろに、同じ年の4月からの教員を探している場合などだ。何らかの理由で欠員が出て、急募していると思われるが、これもチャンスだ。

さらに公募期間が極端に短いケースがある。通常は締め切りまで数週間だが、時々応募期間が1週間ぐらいしかない場合がある。これも大学側に何らかの事情があると思われるが、急に応募書類を準備できる人は多くないと思うので、逆に準備できる人にはチャンスになる。加えて「適任者が見つかり次第公募を締め切ります」というのもある。このような場合も早めに関係書類が準備できる人は積極的に応募することをおすすめする。

応募から1年間の流れ

　JREC-IN Portal（詳細は後述）には基本的に1年中求人情報が掲載されるが、新年度4月から本格的に求人が始まり、まず常勤の公募が多く掲載される。もちろん非常勤の公募も同時期に始まるが、夏から秋にかけて非常勤は多くなる。さらに年が明けて1月になってから非常勤の公募がある場合もある。

　応募のあと、書類選考の結果通知が届き、面接・模擬授業を経て、最終選考となる。最終選考結果通知後、担当クラス・曜日・時限などが決まり、その後シラバス作成・教科書選定、大学のシラバスチェックが行われる。主な流れは以下である。

（授業関係）

4月中旬：春学期授業開始

7月中下旬：期末レポート・試験

8月上旬：成績登録

8月頃：学生による授業評価結果通知及びそれに対する
　　　　教員のコメントフィードバック

9月下旬：秋学期授業開始

1月下旬：期末レポート・試験

2月上旬：成績登録

２月頃：学生による授業評価結果通知およびそれに対する
　　　　教員のコメントフィードバック

（翌年度の授業関係）
夏から秋：翌年度担当授業に関する大学からの打診
秋：翌年度担当授業の決定
１月から２月頃：担当授業シラバス作成・教科書選定
２月から３月頃：シラバスに対する大学のコメント
３月頃：契約書の交換

● 応募締め切り日

　応募に際して締め切り日は重要だが、気を付ける必要があるのが「適任者が見つかり次第公募を終了します」と書いてある場合だ。こういうケースは少し急いだほうがいいが、かといって書類が不十分なまま応募するわけにもいかないので、私はこのような注意書きがある場合は応募を断念した。

● 結果の連絡

　書類選考の結果、連絡は来ないことがある。実は私はこれを知らなくて、ある先生に「応募して何か月にもなるが、まだ書類選考の結果が来ない」と伝えたら、「公

募締め切り後、1か月程度大学からメール・郵便等何も連絡がない場合は書類選考に落ちたということだよ」と言われて大変驚いた。

正確な数字は忘れてしまったが、応募したうち、書類選考の結果の連絡がなかった場合が多かったと思う。応募後、メールや郵便にドキドキする日が続いたが、速達等なら通過の場合が多かったので普通郵便の場合は開封しなくてもダメだったということが分かった。

● 面接はとても重要

書類選考に通ると面接が必ずある。聞かれるのは経歴、志望動機、担当授業についてなど。英語のポストの場合は面接も英語の場合がある。

私の場合、だいたい3名程度の面接官がいた。質問の多くは自分の経験をどのように授業に生かしたいと考えているか、というものだった。だいたい20～30分程度だった。

職場で面接官をやったことは何回もあったが、私自身が最後に面接を受けたのは何十年も前だったので、初回は結構緊張してしまった。面接を甘く見ないで、よく頭の整理をしておくことが重要だろう。

コロナ禍が終わり、面接は基本対面だったが、今でも

ZOOMなどで面接をやる大学がある。大学がちょっと遠い場合などだが、これはこれで便利だ。話す内容だけでなく、見栄えも重視して準備したほうがよい。

　ただ、コロナ禍の時ほどは毎日ZOOMを使っていない人もいるかもしれない。細かい使い方を忘れてしまっていないか、事前に基本的なことは確認しておいた方がよいと思う。特に自宅のWi-Fi環境が不安定な場合や、面接中に何らかの邪魔が入る可能性がある場合などにはWi-Fi付きのレンタルルームを借りた方がよい。機器トラブルで面接が不首尾に終わることは避けたい。

▶ 模擬授業は十分準備して臨む

　私の場合はなかったが、面接に加えて模擬授業をやる場合がある。30分程度で応募した科目の授業のさわりの部分をやるというのが多い。パワーポイントの資料を使っていいなど、詳細な設定があるので、それをよく確認して十分準備して臨むべきだ。

　仕事で何回もプレゼンテーションを行っていても大学の先生の前で話をするのは緊張度が違う。

採用が決まったら

▶ 勤務条件等に関する文書は必ず読むこと

　採用が決まると「雇用契約書」「勤務条件通知書」「非常勤講師規定」など、大学により形態・名称は異なるが勤務条件等に関する文書が送られてくる。採用は決まっていると安心せずにしっかり読むべきで、不明な点があれば大学に照会すべきだ。

　特に重要なのが給与、契約期間、解職、個人情報保護などだが、給与については第1部で言及したので契約期間と解職について説明する。

▶ 契約期間、解職に関する規定例

　書類の中の重要事項として、次がある。

（例1）
任期は＊年4月1日から＊年3月31日、
契約更新は以下について総合的に判断する。
・カリキュラム運営上の必要性（担当する授業等の改編・廃止等、開講曜日・時間等の変更、担当教員の変更、その他カリキュラム運営上の事由）

・勤務状況及び態度

・能力・適性

・大学の経営状況

（例２）

次のいずれかに該当する場合は、解職される。

・本人が退職を希望したとき

・＊歳に達した日の属する年度の年度末

・発令書等において定める雇用期間が終了したとき

・該当する授業等がなくなったとき

・職務に不適当と認めた場合

解職する場合は、少なくとも30日以前に予告する。

　契約期間と解職に関する規定には「勤務状況及び態度」とか「職務に不適当」とかその意味が明確でないものがある。大学によってもさまざまな規定があり一般化するのが難しい。いずれにしろ万が一、何か不安なことがあったら大学側に照会することをおすすめする。ただしこの種の照会にどのように回答するかも大学により差がある。

応募方法の詳細

> 「JREC-IN Portal」で求人情報を毎日チェック。各種学会や求人サイトに掲載される場合あり。

▶ 大学教員求人情報は基本的にJREC-IN Portalで

求人情報は基本的にJREC-IN Portalというサイトで探すことができる。さまざまな機能があるが一番便利なのは教育・研究に関する産学官の求人公募情報を収集してデータベース化してホームページに掲載し、求職者がそれぞれのニーズに応じた内容を検索・閲覧できることだ。登録すれば求人公募情報の閲覧、WEB応募、マッチングメールなど求職活動を支援するサービスが利用できる。

ちなみにJREC-INはJapan Research Career Information Networkの略だ。

使い方は簡単で、トップページの「求人公募情報検索」の画面の「複数条件」をクリックし、上から順に「機関種別（国立大学、私立大学、短期大学、専門学校等）」、「研究分野（総合人文社会、総合理工、農学等）」、

「勤務地（関東、近畿の地域、さらに東京都、大阪府などの都道府県）」、「職種（教授相当、非常勤講師等）」、「勤務形態（常勤、非常勤）」、「任期（あり、なし等）」の各項目を選択すれば該当する求人情報が表示される。

　希望条件を登録すれば毎日該当する求人情報がメールで送られてくる。詳しくはトップ画面右側にある「JREC-IN Portal 活用法紹介」をクリックすれば分かりやすい動画を見ることができる。

◉ 学会や民間の求人サイトの求人情報

　求人情報探しはJREC-INが基本だが、それ以外にも学会のネットワークや通常の求人サイトに求人情報が掲載される場合がある。

　例えば学会の会員向けのメールだ。もともと同じ分野の研究者の集まりだから、該当者が見つけやすいということだろう。求人サイトについては特に専門学校の教員採用情報がよく掲載されている。なお学会については後述する。

◉ 大学教員採用はほとんどがコネ？

「コネ採用」と言うとネガティブな感じだが、紹介ベースで採用を行うのは一般企業でも普通に行われている。

教員の世界でも当然それはある。すでに説明した学会経由での採用もコネ採用と言えるかもしれない。ではどれくらいコネ採用なのかと言うと、それはたぶん誰にも分からない。一つ参考になる資料がある。

大学教員になりたいと思った頃、いろいろな人から「大学教員はコネ採用が多い」ということを言われた。大学の先生からそう言われたこともある。ただ、コネのない自分にはどうでもいいことだと思った。コネ採用するがどうかは、それぞれの大学の自由だ。そのようなケースがどのくらいなのかは全く分からないが、公募採用をしている大学がたくさんあるのも事実だ。さらに1年契約の非常勤講師は大学側にとっても公募採用しやすい面があると思う。

大学における実務家教員の採用に関し参考になるのが「大学等における実務家教員の採用に関する調査」（2023年1月、リベルタス・コンサルティング）だ。主要なポイントを以下に引用するが、実務家教員に対する需要は確実にあり、また求人は公募が多いことが分かる。

・採用予定では研究者教員が32.8％、実務家教員が23.8％。短期大学、芸術、保健、教育の分野で実務家教員の採用予定割合が高い。
・実務家教員を採用する理由は「実務家教員の不足」

「実務家験者による専門的・実践的な教育の強化」「産学連携・地域連携の強化」「キャリア教育・就職・資格教育の強化」など。

・３割の組織が、実務家教員が不足していると回答。

・採用時に重視する点は、「実務における実績」を優先順位１位とした回答が43.8％と最も高い。

・実務家教員の求人について効果的だと思う広報手段はJREC-INや自機関のウェブサイトなどを用いての公募（69.2％）の割合が最も高く、「役員・教職員等の個人的な人間関係を通じての募集」（47.7％）が続く。

応募する大学・科目

（応募対象）
有名大学にこだわらず、短大・専門学校なども対象
に。また都心部以外にも応募。
（応募科目）
自分の経験・知識が生かせそうな科目なら幅広く積
極的に応募する。

● 大学だけでなく幅広く。便利な場所にこだわらない

　誰もが有名大学、都心部の大学を希望するので、倍率
はかなり高くなる。私も最初は自分が知っていて通勤に
便利な大学ばかりに応募していた。半年ぐらい続けたが
全くだめだったので方針を変更し、自分が知らなかった
大学、短大、専門学校などにも応募することにした。所
在地もちょっと遠いかなと思うのも対象に加えた。現在
片道２時間以上かかる大学で仕事をしているが、週１回
なのでそんなに負担にならない。

　知り合いで都心を離れて地方の大学で教えている人が
何人かいる。いろいろ不便ではないかと聞いてみたら、
週の半分は地方、半分は都心という生活で変化があり楽

しいと皆言っていた。学生も都心の大学の学生よりもリラックスしていて接しやすいので授業も楽しいとのことだった。

また高等教育機関はこんなにある。気長に幅広く応募しよう。

高等教育機関の種類と数に関する基本データ

区分	計	国立	公立	私立
大学	810	86	102	622
短期大学	300		15	285
高等専門学校	58	51	3	4
専門学校	2693	8	179	2506

（2023年8月文部科学省発表）

◗ JREC-INに求人情報のある教育機関の種類

JREC-INにはいろいろな機関の求人情報が掲載されている。国立大学、公立大学、私立大学、短期大学のほか、専門職大学、専門職短期大学、高等専門学校、専門学校だ。さらに、独立行政機関、国立研究機関、海外研究所、国際機関などがある。

◗ どの科目に応募するか

私は外務省に勤務していたので当初、外交・国際関係

の授業を教えたいと考えていた。ただ、この分野の公募は極めて少ない。そこでもう少し広げて地域研究を加えてみたら、アメリカ研究の公募が見つかった。アメリカで勤務した経験が生かせると考え、応募した。

　その後は自分がやれそうな公募を見つけるのではなく、逆にどのような科目の公募が多いか、自分がそれを担当できないかという観点から公募サイトをチェックした。その結果、コミュニケーション関係の授業の公募がときどきあることが分かった。「異文化コミュニケーション」「国際コミュニケーション」といった授業だ。外交官としての経験をコミュニケーションという切り口から考えれば担当できるのではないかと考えた。

　また英語関係の公募はとても多かった。コロナ禍でネイティブの英語の先生が日本に来ることができなくなり英語教員が不足しているという話も聞いた。コミュニケーションに加え、英語という切り口からも外交官としての経験を生かせるのではないかと思い、応募した。

● 大学専門分野の具体例

　自分の経験・知識を生かせる分野・科目が必ずある。

・社会科学系：法学、政治学、経済学、経営学、社会学、心理学、教育学など。

・理工系：情報学、環境学、化学、工学、土木工学など
・生物系：生活科学、健康・スポーツ学など
・農学系：農芸化学、水産学など
・医歯薬学系：医学、歯学、薬学、獣医学、保健学、看護学、理学療法学、作業療法学、臨床検査学など

応募条件

◉ 修士号取得は長い人生での選択肢を 増やすための挑戦

　応募条件を見ていると、いくつか気づくことがあるだろう。例えば「関連分野の修士号を持っている」という条件が多いことだ。取得していない読者は、「これは無理だ」と諦めの気持ちになるかもしれない。しかし、セカンドライフの長いことを考えると、修士号取得の2年間は大いに意味がある。

　今修士号を目指す人が私はとても羨ましい。私はアメリカの大学で2年間必死に勉強してなんとか取得できたが、今は格段に環境がよくなっている。今は、学び方に選択肢が増え、いろいろな形で修士号が取得できるようになっている。

　さまざまな大学が社会人向けの修士コースを設けている。まず受講方法は通常、平日通学の他に、平日夜コース、平日夜プラス週末コース、週末コース、オンライン、通信制がある。期間については2年でなく1年で修士号を取得できる大学がかなりある。論文なしで修士号が取れる大学もある。学費についてもいろいろな補助制度がある。

　もちろん修士号を取るのが楽になったと言うつもりは

全くない。1年であれ2年であれ、かなりの労力と作業が必要で、家族や職場の協力も必要だ。だから簡単だとは言わないが、やりがいがあるし、修士号があれば大学の講師だけでなく、その後の人生の選択肢がかなり広がる。長い人生の1、2年、再び学びの場とし是非チャレンジしてほしい。

　修士号に加え、「論文と著書が合計3点以上あること」などの条件が加わる場合がある。しかも「学士論文、修士論文は除く」との説明がある場合もある。私は応募を始めた時点で論文も著書もなかったので、このような条件がある大学には応募できなかった。
　さらには「大学等における教育経験が3年以上あること」の条件が加わることもある。これについても私は応募開始時点では該当しなかったので、このような大学は応募を断念した。
　この時点で諦めてしまう人がいるかもしれないが、是非諦めずにまず修士号の取得を目指してほしい。

● 修士課程はこんなにたくさんある

　日本には600以上の修士課程がある。

	計	国立	公立	私立	在学者数
大学	810	86	102	622	2945807
修士課程	629	85	88	456	168722

（2023年8月文部科学省発表）

● 自分に合う修士コースを探す

　自分に合う大学院を探すのに便利なのは、書籍『スタディサプリ　社会人大学院』とその関連サイト「スタディサプリ　社会人大学・大学院」だ。社会人として大学院で学ぶ際の基本的な情報がすべてここで入手できる。その上で具体的な各大学の修士コースについて調べることができる。

　通学制と通信制ともに学問分野別に分かりやすくコース概要、学費などの記述がある。ここで学びたいと思う大学が何校かあれば、スタディサプリ経由で連絡すると個々の大学から詳しい資料が送られてくる。

　自分の経験・知識を生かせる修士コースが必ずある。

　通学制であれ通信制であれ、さまざまな修士コースがオファーされている。学部にある文学・語学・社会学・国際政治・教育などの文系、理工系、芸術系の分野は殆ど修士コースでも学ぶことができる。特にMBAなどのビジネス関係は充実している。また以前は通信制の科目

は限られていたようだが、今はネットを活用しながら通信制でもかなり多様なコースが提供されている。従来は通学制と通信制はいわば別世界だったがネットを活用することにより、かなり柔軟に受講できるようになっている。

さらに、自分のライフスタイルに合った受講方法は必ずある。形態別にその特徴をまとめてみる。

・夜間大学院
　仕事を続けながら大学院で学べる。平日の夜間と週末に科目を配置。社会人を主なターゲットとしている。

・昼夜開講制大学院
　平日の昼間にも夜にも科目を配置。

・一般の大学院
　仕事を辞めて学業に専念したい人向け。1年間で修了できる大学院もあり、そのようなコースは社会人が主な対象。

・通信制大学院
　スクーリング以外は自宅で勉強。インターネット受講のみで修了できる大学院もあり。

◉ 修士コース費用はこれぐらい

　学費はさらに科目などで差がある。また、私立大学では頻繁に学費が改定される場合があるので、最新の学費を各大学でチェックする必要がある。

大学院の学費相場（初年度納入金の例）

国立大学	82万円程度
公立大学	70 〜 100万円
私立大学（文系）	80 〜 100万円
私立大学（理系）	100 〜 180万円
法科大学院	100 〜 210万円
通信制大学院	40 〜 100万円

（スタディサプリ社会人大学院2023年版）

◉ 充実した各種学費補助制度

　学費補助には、一般的には**日本学生支援機構奨学金、教育ローン、大学独自の奨学金**の他に、以下の教育訓練給付制度があるので利用を検討しよう。

　教育訓練給付制度は、厚生労働大臣の指定する教育訓練を受講すると負担した費用の一部を国が給付してくれる制度だ。一般、特定一般、専門実践の３種類からなる。特に中長期的なキャリア形成の支援を目的にしているのが**専門実践教育訓練制度**で、大学院修士課程２年なら、

最大112万円が戻ってくる仕組みになっている。詳細は
スタディサプリ社会人大学のサイトで確認できる。

・**専門実践**
　中長期的なキャリア形成を支援、最大112万円
・**一般**
　働く人の能力開発を支援、最大10万円
・**特定一般**
　再就職の促進や早期のキャリア形成を支援、
　最大20万円

　以上はあくまでも一例なので最新の情報はスタディサ
プリなどで確認してほしい。以下若干の補足をする。

　私の経験からしても修士論文には本当に苦労したので
それがないというのはかなり負担が減る。ただし、その
分レポート・発表などが多い場合があるので修士号取得
が楽とは言えないかもしれない。1年で修士号が取得で
きる場合も同様で、2年分を1年でやるような感じにな
るので相当大変な場合が多いようだ。

（参考）代表的な修士コース具体例紹介

大学名	コース名	特徴
青山学院大学大学院	国際マネジメント研究科	修士論文不要
亜細亜大学大学院	アジア・国際経営戦略研究科	1年で修了可
グロービス経営大学院	経営研究科	オンライン受講
千葉商科大学会計大学院	会計ファイナンス研究科	土日集中開講
田園調布学園大学大学院	人間学研究科	平日夜・土曜日開講

● 海外の大学の修士コースという選択もある

　ある程度英語ができる方は、海外の大学のオンライン修士コースも検討対象に入れることをおすすめする。そのために便利なのが「KEYSTONE ONLINE STUDIES」（onlinestudies.com/degrees/masters）だ。ノルウェーのオスロに本部があり、世界にある5500以上の高等教育機関の情報を33か国語で190か国以上の学生に提供している。日本語でも検索できるが、詳細は英語の場合が多い。

　機関、学費もさまざまだが、検索してあまり聞いたことがない大学が出てきた場合は、少しネットで大学の情報を確認したほうがよい。「何を勉強するか」と「どこで勉強するか」で検索するが、「何を勉強するか」だけ

を入力すると該当する分野の世界中のコースが出てくる。同じように「どこで勉強するか」だけを入力すると、その該当する国にあるすべてのコースが出てくる。

　海外オンライン修士課程は期間も学費もさまざまだ。特に学費の支払いはかなり高額の場合もありとても重要なので事前に詳細に照会すべきだ。授業は基本的に英語だが、どれくらいの英語のレベルが必要かは大学やコースにより異なる。海外オンライン修士コースを受講する人は日本人のように英語がネイティブでない人も多く、英語のサポートをしてくれる大学もある。英語が得意でないからといって最初から諦めない方がよい。
　以下、若干私の土地勘がある国の例を紹介する。

（例１）英国・King's College（キングスカレッジ）
・科目：マーケティング
・期間：２年
・学費：1455GBP
　　　　　　　（約30万円、2023年11月現在以下同じ））

（例２）米国・Syracuse University（シラキュース大学）
・科目：コミュニケーション
・期間：15か月

・学費：30564USD（約440万円）

（例3）オーストラリア・La Trobe（ラ・トローブ大学）
・科目：ビジネス
・期間：1年
・学費：18080AUD（約170万円）

　修士取得方法の最後に、教員になるための修士コースを紹介する。社会構想大学院大学の「実務教育研究科」がこれだ。なお同大学で修士号は取得できないが「実務家教員養成課程」という6か月の教員養成コースも提供しており、以下これについても説明する。

教員を目指す人のための社会構想大学院大学

　第1部で社会構想大学院大学について言及したが、その中の「実務教育研究科」と「実務家教員養成課程」について説明しよう。

　実務教育研究科は2年コースで、終了後「実務教育学修士」という学位を取得することができる。授業は平日の夜と土曜日。実務領域に関する教育・人材育成を行う高度専門職業人の育成を目指すもので、自らの実務経験を体系化してそれを教育に生かせる。カリキュラムは教育関係基礎科目に加え、実務教育プロジェクト演習などの実践的な科目もある。

　社会構想大学大学院のホームページにある実務教育研究科の紹介ページによると、「経験や既存の学問領域を深めるにとどまらず、実践と理論を融合し、他者に伝達可能な新たな知を自ら作り出す」、そのために「現代社会とその課題を理解したうえで、それを社会へ実装するための教育・学習プログラムを考案し、実践」するコースと紹介されている。これを知識社会領域、教育構想領域および組織学習領域の3つの専門分野から学ぶ。

　2年間で教員になるためのさまざまな知識・ノウハウを学ぶことができ、その成果を論文にまとめることにより「実務教育学修士（専門職）」という学位を取得できる。

実務家教員養成課程は、主に実務家教員を目指す人に特化した半年のコースだ。終了すれば修士号は取得できないが、「修了証」が授与される。参考までに触れておく。

実務経験に加えて教育指導力と研究能力を兼ね備えた質の高い実務家教員の養成を目指すプログラムだ。

カリキュラムは「シラバスの作成」「教授法」「模擬講義」など実践的なものになっている。こちらも基本的に平日夜のコースだ。すでに修士号を持っている場合はこのコースでいいかもしれない。

「実務教育研究科」「実務家教員養成課程」とも、今の仕事を続けながら、さらに次のステップに進みたいと考えている人向けのコースで、受講生はさまざまなバックグラウンドを持っている人が集まると聞いている。両コースとも少人数で、かなりきめの細かい指導がなされている。これらのコースを経て、実際に多くの人が大学などさまざまな教育機関で活躍している。

私は大学教員になりたいと思った初期の段階で社会構想大学院の説明会に行ったことがあり、是非どれか受講したいと思ったが、残念ながら仕事との関係でそれはできなかった。もし受講すればもう少しスムーズに教員になれ、授業もより円滑に行えたと思う。

● リカレント教育について

　実務家教員や社会人大学院の話題で必ず出てくるのが
リカレント教育だ。
「リカレント（recurrent）」とは、「繰り返す」「循環す
る」という意味で、学校教育からいったん離れて社会に
出た後も、それぞれの人の必要なタイミングで再び教育
を受け、仕事と教育を繰り返すこと。日本では、仕事を
休まず学び直すスタイルもリカレント教育に含まれ、社
会人になってから自分の仕事に関する専門的な知識やス
キルを学ぶため、「社会人の学び直し」とも呼ばれる。

　近年、リカレント教育が注目される背景には、日本人
の平均寿命の延びと技術革新の急速な進展が大きくかか
わっている。

　いままでの人生は、学校で勉強した後、就職し、ある
程度の年齢になったら退職し、リタイヤ後の生活を送る
というスタイルだった。しかし、現在は、平均寿命が延
びたことや情報技術の進展、働き方改革などにより、社
会に出た後も、会社をいったん辞めて留学する、転職や
起業で新たな仕事を始める、子育てをしながら働く、定
年後も新たな仕事に挑戦するなど、キャリアアップ、
キャリアチェンジしていくスタイルに変わりつつある。
したがって学校を卒業した後も、新たな知識やスキルを
身につける学び直しは、生き方や働き方の選択肢を増や

し、人生の幅を広げることにつながる。

　リカレント教育と混同されやすいのが「生涯学習」。どちらも「学ぶ」という点では同じだが、学ぶ目的が異なる。リカレント教育は、仕事に生かすための知識やスキルを学ぶ。例えば、「外国語」、MBAや社会保険労務士などの「資格取得系科目」、経営や法律、会計などの「ビジネス系科目」、「プログラミングスキル」などを学び直す。一方、生涯学習は、生涯にわたり行うあらゆる学習で、学校教育や社会教育、さらには文化活動、スポーツ活動、ボランティア活動や趣味など仕事に無関係なことや「生きがい」に通じる内容も学習の対象に含まれる。

● 実務教育研究科カリキュラム解説

　実務教育研究科のカリキュラムの概要を掲載するが、2年間にわたり教育に関する基礎知識から応用までかなり幅広く学ぶことができる。詳細は社会構想大学院大学のHPに掲載されている。

・基礎科目：5科目
　学びの前提となる理論的・社会的背景につき学ぶ。
・専門基礎科目：13科目
　専門科目を履修する前提または補助となる基礎的な内

容につき学ぶ。

・専門科目（知識社会）：4科目

　理論の創造・社会的位置づけ・理論との融合を中心に学ぶ。

・専門科目（組織学習）：4科目

　組織における知の収集・体系化・継承を中心に学ぶ。

・専門科目（教育構想）：4科目

　次世代の学習理論や学習プログラム開発などを中心に学ぶ。

・展開科目：10科目

　個別の課題に応じて、理論の創造や伝達・普及の方法論などについて検討する。

◉ 実務家教員養成課程カリキュラム例

　実務家教員養成課程は6か月で教員として必要なノウハウを学ぶコースで前述の教員養成課程に比べてかなり実践的な内容となっており、すでに修士号を持っている人が大学教員の実務を学ぶのに適している。講義概要は以下に一部を示すが、詳細は社会構想大学院大学のHPに掲載されている。

　私はこのコースの説明会に行って是非受けたいと思ったが、日程が合わず断念した経緯がある。特にコースのキャリアパスの教員調書、実績の書き方、教育方法の各

項目について事前に学んでいれば応募及びその後の授業がもう少し効果的に行うことができたと思う。

（カリキュラム例）

・制度理解

　実務家教員とは何か、大学の歴史的意義・存在意義、高等教育政策等について学ぶ。

・キャリアパス

　教員調書、実績の書き方、実務家教員のキャリアパス等について学ぶ。

・教育・研究倫理

　研究倫理・コンプライアンス等について学ぶ。

・教育方法

　シラバス作成、教授法、講義法、教材作成、学習評価等について学ぶ。

学会の会員になって求人情報を得る

前に「学会のネットワークで教員の求人情報が得られる場合がある」と述べたが、それ以外にも学会に入るメリットがある。研究発表や学会誌への投稿の機会があり、論文や本を書く準備ができる。求人情報以外の研究分野に関するさまざまな情報を得ることもできる。各種研修を行っている学会もある。

どこの学会に入るべきかについては自分の経験・知識から選べばよい。日本学術会議のホームページには日本学術会議協力学術研究団体の一覧があり、ここには2000以上の団体が掲載されており、必ず入れる学会が見つかると思う。学会に入るためには会員の紹介が必要な場合もあるが、ほとんどの場合は簡単な手続きで入会できる。あとは毎年会費を払えばよい。

私は外務省時代にODA評価の仕事をしたことがあるので「日本評価学会」に入っていたが、海外勤務が続いたので途中で断念した。

▶ 論文

学士論文、修士論文以外でも自分の実務経験・知識を生かして論文を書くことはとても有益だと思う。しかも

今は論文の書き方についてのアドバイスが簡単に得られる。論文の書き方のノウハウ本が多数あるし、論文の書き方に関するアドバイスをネットで公開している大学も多い。例えば立命館大学、関西大学、山口大学、東京大学、和歌山大学、長崎大学、南山大学、独協大学だ。

▶本

　論文と並行的に本を書いてみることもおすすめだ。昔に比べて本を出すことは簡単ではないが、出版社もさまざまな制度を設けており、出版の手助けをしてくれる。私も原稿も何もないのに気軽にある出版社の出版説明会に行ったのがきっかけで、約1年後には本を出すことができた。もちろんこのことはその後応募する際の書類に記載し、面接でも本の内容について聞かれた。

応募書類基本

> 履歴書と研究教育業績書は、採用する側のニーズに
> 応えるように丁寧に書く。

▶ 履歴書・研究教育業績書

　応募に際して必ず提出が必要なのが履歴書と教育・研
究業績書だ。履歴書には通常と同じ学歴、学位、職歴、
社会活動、資格、賞罰があり、これに加えて学会におけ
る活動が加わる。ある先生から社会人が応募する際に職
歴に肩書ばかりを書く人が多いが、採用する側に過去の
肩書はあまり意味がないで、そのあたりの記述は分かり
やすく簡潔にしたほうがよいと言われた。これは履歴書
記入だけでなく応募のすべてに言えることなので注意し
てほうがいい。

　私は、社会貢献については「NPO法人美・JAPON」
理事をしている。またボランティアで日赤語学奉仕団と
シニアJICAの会に入っていたので、これを記入した。

　教育業績には「教育上の能力に関する事項」「職務上
の実績に関する事項」があり、両方に「実務家教員につ
いての特記事項」というのがある。教育実績がないので、

この業績書にはあまり書くことがないが、社会貢献だけは書ける。ただ記入欄が小さく、書きたいことを十分に書くスペースがない。ただ、ここは社会人応募者にとても重要な項目で、場合によっては自分の実務経験をいかに授業に生かせるかをアピールできる唯一の文章になるので、よく考えて慎重に書く必要がある。

研究業績の項目は「著書」「論文」「その他」だが、私の場合、応募当初は著書がなく、論文も学士論文と修士論文だけだった。それではあまりにも寂しいので自分の過去を徹底的に調べ、書けそうなことを探した。その結果で見つかった雑誌投稿、公表された報告書、国際会議等での発表、講演、大学などでの特別授業等を「その他」に記入した。

履歴書、教育・研究業績書はどうしても社会人には書けることが少ないので、いろいろ工夫する必要がある。

◉ 必要書類の記載例

1. 履歴書：学歴・教歴（担当科目も記載）を含み、自筆署名の上、写真を貼付したもの。
2. 教育研究業績書：書式は自由。「最終学歴」「最終学位」「現在の職業」は必ず記載してください。

「教育方法の実践例」「作成した教科書・教材」「著書」「学術論文」「学会報告」等、区分ごとに記載。ま

た、各業績は単著・共著もしくは単独・共同の別を明記し、発表年次別に列記すること。共著・共同の場合は、担当内容・担当頁を明示すること。

● 実務教員特記事項はとても重要

社会人経験者にとり、この欄は極めて重要だ。この欄に関しては例えば以下のような注意書きがある。

> ・大学から受け入れた実習生に対する指導（企業実習等）
> ・企業内教育、大学の公開講座、社会教育講座の講師、シンポジウムにおける講演等
> ・所属機関や関係機関等において行った講義、講習、職員・関係者等に対する指導、職能団体の依頼による研修指導、海外への留学、調査研究等

多くの場合、書く欄があまり大きくないのであまりたくさんは記入できないが、今までの人生を振り返り、これに該当するもの、あるいは似たような経験は必ずあるはずなので、よく考えて簡潔な文章にすべき。もちろん応募する授業と関係がある事項があることが望ましい。

この業績書にはあまり書くことがないが、社会貢献だけは書ける。ただ記入欄が小さく、書きたいことを十分に書くスペースがない。ただ、ここは社会人応募者にとても重要な項目で、場合によっては自分の実務経験をいかに授業に生かせるかをアピールできる唯一の文章になるので、よく考えて慎重に書く必要がある。

研究業績の項目は「著書」「論文」「その他」だが、私の場合、応募当初は著書がなく、論文も学士論文と修士論文だけだった。それではあまりにも寂しいので自分の過去を徹底的に調べ、書けそうなことを探した。その結果で見つかった雑誌投稿、公表された報告書、国際会議等での発表、講演、大学などでの特別授業等を「その他」に記入した。

履歴書、教育・研究業績書はどうしても社会人には書けることが少ないので、いろいろ工夫する必要がある。

● 必要書類の記載例

1．履歴書：学歴・教歴（担当科目も記載）を含み、自筆署名の上、写真を貼付したもの。
2．教育研究業績書：書式は自由。「最終学歴」「最終学位」「現在の職業」は必ず記載してください。
　「教育方法の実践例」「作成した教科書・教材」「著書」「学術論文」「学会報告」等、区分ごとに記載。ま

た、各業績は単著・共著もしくは単独・共同の別を明記し、発表年次別に列記すること。共著・共同の場合は、担当内容・担当頁を明示すること。

● 実務教員特記事項はとても重要

社会人経験者にとり、この欄は極めて重要だ。この欄に関しては例えば以下のような注意書きがある。

・大学から受け入れた実習生に対する指導（企業実習等）
・企業内教育、大学の公開講座、社会教育講座の講師、シンポジウムにおける講演等
・所属機関や関係機関等において行った講義、講習、職員・関係者等に対する指導、職能団体の依頼による研修指導、海外への留学、調査研究等

多くの場合、書く欄があまり大きくないのであまりたくさんは記入できないが、今までの人生を振り返り、これに該当するもの、あるいは似たような経験は必ずあるはずなので、よく考えて簡潔な文章にすべき。もちろん応募する授業と関係がある事項があることが望ましい。

●「志望動機・抱負」は自分をアピールする 最大のチャンス

　履歴書、教育・研究業績書に加えて、「志望動機・抱負」「シラバス案」「推薦状・推薦者」「最終学歴・学位証明書」「資格証明（英語検定等）」などの提出が求められる場合がある。

　「志望動機・抱負」では多くの場合、2000字程度とかA4サイズ2枚程度といった指定がある。この文章は極めて重要だ。先に教育業績あるいは実務経験を書く欄はとても小さいと述べたが、「志望動機・抱負」があればより詳細に自分の経験・知識をいかに生かしたいかを書くことができる。内容だけでなく読みやすい文章にすることも重要だ。採用担当者はかなりの数の応募書類をチェックするのだから内容も形式も採用側の立場になって慎重に書く必要がある。英語関係の授業の場合、英文で提出することを求められる場合がある。

　推薦状・推薦者が必要な場合はできるだけ抽象的ではなく具体的に自分の経歴・能力を書いてもらうのがよい。人柄なども書いてもらうとよい。

　学位証明書は取得に時間がかかる場合があるので注意したほうがよい。私の場合、修士はアメリカの大学で取得したが、証明書取得にとても時間がかかった。

　応募書類全般にいえることだが、できれば提出前に知り合いの大学の先生にチェックしてもらうことをおすす

めする。なおシラバスは志望動機・抱負同様とても重要なので後述する。

　私はこれを書く際にいつも以下を重視した。
・なぜ教員になりたいのか
・なぜこの大学なのか
・なぜこの科目なのか
・自己PR（応募する授業に生かせる経験・知識・資格）
・応募する授業に臨む基本姿勢・ポリシー
・自分の経験を具体的にどのようにその授業に生かすか
・特に学生に何を伝えたいか

| COLUMN |

専門学校のすすめ

　応募対象に専門学校を加えることも強くおすすめする。私の義父は生前、専門学校の理事をしていて「専門学校生は4年制の学生に比べてやる気も元気もあるぞ」と言っていた。会うたびに言われていたので一度専門学校を見に行きたいと思い、同系列の学校を見学させてもらった。まず驚いたのは、すれ違う学生がみな元気に挨拶してくれたことだ。これは大学ではほぼない。授業態度も非常に良かった。それ以来、専門学校でも教えたいと思い、幸いにもその夢がかなった。

　専門学校で教えることには次の4つのメリットがあると思う。

（1）学生の基本姿勢

　専門学校は基本2年制なので4年制の学生に比べて学ぶ時間が半分しかない。したがって授業に臨む姿勢も一般的に4年制学生に比べて真剣といえる。

（2）学生との距離感

　ほとんどの専門学校は大学より小規模なので1クラスの人数も少ない。私が担当しているクラスは10人程度

だ。必然的に学生とのコミュニケーションはかなり緊密になる。名前を忘れることもない。人数が少ないので、学生も授業中に居眠りすることや携帯を見ることは難しい。

（3）留学生

専門学校に留学生は多い。私のクラスにも２年勉強した後、日本の企業に就職したいとか大学の３年制に編入したいという留学生がいる。従来はアジアからの留学生ばかりだったが最近はアメリカ、欧州からの学生も増えてきた。

問題は最初は日本語に不自由な学生がいることだが、半年もすれば、皆流ちょうな日本語を話す。留学生がいると授業に活気が出て、日本人学生にも良い影響を与えてくれる。

（4）スタッフとの距離感

専門学校では学生とだけでなくスタッフとの距離感も近くなる。大学スタッフとは困った時ぐらいしかコンタクトはないが、専門学校なら、毎回顔を合わせて、その際に雑談も含め、いろいろ話ができる。

とにかく、どこにどういう機会があるか分からないので、教育機関も科目も幅広く対象にして応募すべきだ。

第3部

採用後、授業は
どう行うか

シラバスはとても重要

> シラバスは学生との契約書。学生の立場になって詳細かつ分かりやすく書く。

　採用されたら、まず何をしなければならないか。その一つが実際のシラバス作成である。

　シラバス（syllabus）とは簡単に言うと授業計画だ。

　大学及び学生との関係で最も重要な文書なので、全力で取り組む必要がある。前述のように応募段階でシラバス案の作成を求められることもあるが基本的に採用決定後、正式に大学から作成依頼がくる。作成依頼後、提出まであまり時間がない場合が多いので、採用が決まったらすぐ準備を始めるべきだ。英語科目の場合、シラバスが英文の場合もある。作成に関するさまざまなアドバイスがネットなどにあり、シラバスを公開している大学もあるので、そこで類似の科目のシラバスを見つけて、それを参考にすることもできる。シラバス提出後大学によるチェックがあり、不備な点などがあれば修正を求められる。

◆ シラバスの役割

シラバスには次の役割がある。
1. 選択ガイド
2. 担当教員と受講する学生との契約書
3. 学習効果を高める文書
4. 授業の雰囲気を伝える文書
5. 授業全体をデザインする文書
6. 学科・課程・コースのカリキュラム全体に一貫性を持たせる資料
7. 授業の改善につなげる機能

◆ シラバスの作成指示例

シラバスの形式・内容は大学によりフォーマットが異なるが、私が知っている大学に概ね共通する項目は以下である。なおシラバスの作成・提出はすべてオンラインで行う。

・授業の概要
授業の全体を把握できるように、概要を簡潔に説明。

・到達目標
授業を履修することで学生が到達できる目標を具体的

に分かりやすく示す。

・成績評価
到達目標に対する達成度をどのように測るかを具体的
に記載。複数の評価方法を使用する場合はその配分割
合を明記。

・授業計画
具体的な授業内容を簡潔に記載。できるだけ各回のス
ケジュールを明確にする。

・教科書・参考書
授業に必要な教科書、参考書等を記述。

・その他
受講上の注意点などがあれば記載。

◉ 動画や大学のサイトで書き方を見る

　シラバスに関する参考書はいろいろあるが、おすすめ
なのが科学技術振興機構のJREC-IN Portalにある動画
「インタラクティブ・ティーチングコース」のWeek 5
「もっと使えるシラバスを書こう」だ。10～15分程度
の短い動画を何本か見るだけでシラバスの書き方の理解

が深まる。

　多くの大学がネットで独自に公開している他、国立大学協会のサイトから全国の国立大学のシラバスが検索できる。私はシラバス作成の際に自分の担当授業に近い授業のかなりの数のシラバスを調べ、参考にした。

● シラバスの具体例

　以下に私が担当したことのある講義のシラバスから一部抜粋したものを紹介する。

（例1）現代アメリカ社会入門

授業の概要	本授業はビジネスパーソンとして国際社会で活躍するために必要かつ有益なアメリカ社会の現状と課題について学ぶことを目的とする。国際社会でのアメリカの相対的地位は低下していると言われるが、あらゆる分野でアメリカの影響力は未だに極めて大きい。日本にとってもアメリカは最も重要なパートナーである。このような状況を踏まえて、幅広い観点からアメリカについて考える。
到達目標	アメリカの政治・経済・社会等に関する基本的な理解を深め、アメリカ社会の内政・外交面での課題について考え、自分の意見を形成・表明することができるようになる。 （1）アメリカについての情報収集法を身につける。 （2）アメリカ社会の現状について理解する。 （3）アメリカ社会の課題について考える。

到達目標	（4）アメリカ社会について自分の意見をレポートとしてまとめる。
成績評価	課題40％、中間レポート20％、期末レポート40％。
その他	留意事項：この授業では知識を身につけるだけでなく様々な問題について考え表明する能力の向上を目指しますので、受講生の授業での積極的な対応が求められます。

授業計画		
1回目	ガイダンス　なぜアメリカについて学ぶのか	内容：アメリカについて学ぶ必要があるのはなぜかとアメリカについての情報収集法を学ぶ。 予習：自分とアメリカとの関係についてメモにまとめる。アメリカ製の家電、食品、エンタメ（歌、テレビ番組、映画）等。（予習時間2時間） 復習：授業内容を振り返り、整理を行う。（復習時間2時間、以降も同様）
2回目	アメリカンパワー（1）政治・外交・軍事	内容：アメリカの政治・外交・軍事について学ぶ。 予習：前回の授業の最後に提示される課題を行う。課題の詳細は授業で説明するが、動画・リーディングを指定する場合もある。授業は課題の理解度を確認することから始める。（予習時間2時間、以降も同様）
3回目	アメリカンパワー（2）経済	内容：アメリカの経済について学ぶ。 予習および復習

4回目	アメリカンパワー (3) 教育・研究	内容：アメリカの教育・研究について学ぶ。 予習および復習
5回目	アメリカンパワー (4) 報道・表現の 自由	内容：アメリカの報道・表現の自由について学ぶ。 予習および復習
6回目	アメリカンパワー (5) 文化・社会・ス ポーツ	内容：アメリカの文化・社会・スポーツについて学ぶ。 予習および復習
7回目	アメリカンパワー (6) ファッション・ エンタメ・観光	内容：アメリカのファッション・エンタメ・観光について学ぶ。 予習および復習
8回目	アメリカンパワー (7) まとめ・レポー ト	内容：アメリカンパワーのまとめと中間レポートについて学ぶ。 予習および復習
9回目	アメリカ社会の課題 (1) 人種・移民	内容：アメリカの人種・移民について学ぶ。 予習および復習
10回目	アメリカ社会の課題 (2) 治安・銃規制	内容：アメリカの治安・銃規制について学ぶ。 予習および復習
11回目	アメリカ社会の課題 (3) 中国・北朝 鮮・ロシア	内容：アメリカと中国・北朝鮮・ロシアとの関係について学ぶ。 予習および復習
12回目	アメリカ社会の課題 (4) 中東	内容：アメリカと中東との関係について学ぶ。 予習および復習
13回目	アメリカ社会の課題 (5) 日本	内容：アメリカと日本との関係について学ぶ。 予習および復習

14回目	アメリカ社会の課題（6）次期大統領選挙	内容：アメリカの大統領選挙について学ぶ。 予習および復習
15回目	アメリカ社会の課題（7）まとめ・レポート	内容：アメリカの課題のまとめと期末レポートについて学ぶ。 予習および復習

（例2）国際コミュニケーション論

授業の概要	この授業では国際コミュニケーションをめぐる様々な課題を学び、国際社会で活躍するために必要なコミュニケーション力を育成することを目的としています。具体的にはまず国際コミュニケーションの世界の全体像を学んだ上で、外交の世界における国際コミュニケーションの実態を説明し、その後カントリースタディとして各国（スイス、オーストラリア、ブルガリア、イラン、クウェート、アメリカ、日本）における国際コミュニケーションについて学びます。最後に国際社会で活躍するために必要なコミュニケーション力について指導します。そこでは国際コミュニケーションに必要な英語力の向上についても扱います。
到達目標	この授業では国際コミュニケーションの全体像を理解し、今後様々な問題について情報収集及び分析を行いその上で自分自身の意見を日本語及び英語で積極的に発信できるようになることを目指します。
成績評価	課題40％、中間レポート20％、期末レポート40％。
その他	コメント：この授業は国際コミュニケーションの知識のみを身に着けることを目的としているものではありません。受講生が今後国際社会で活躍するために様々な課題について自分で信頼できる情報を迅速に入手し、自分で分析し、それをベース

その他		に自分の意見を効果的に発信できるようになることが最終的な目的です。したがって、受講生にはただ授業を「聴く」のではなく常に自分の意見を「考える」ことを期待します。レポート等の評価についても「自分の意見」を述べているかを重視します。なおシラバスは変更になる場合があります。

授業計画		
1回目	オリエンテーション 国際コミュニケーション力自己診断	授業内容・スケジュール・評価方法等について説明したうえで「国際コミュニケーション論」を学ぶ意義を考える。その後受講生が各自自己診断を行い、自己の課題を明確にして今後の目標を設定してもらいます。
2回目	国際コミュニケーションの世界（1）	「国際コミュニケーション論」の概要・変遷・課題等を説明し、ネット社会・コロナ禍が国際コミュニケーションに与えた影響について学びます。さらに国際コミュニケーションにおける様々な留意点（言語・非言語、文化・宗教、性別、年齢等）について検討します。
3回目	国際コミュニケーションの世界（2）	国際コミュニケーションで重要な役割を担う情報について学ぶ。情報の発信者（メディア・政府・国際機関・NGO・シンクタンク・企業等の組織と個人等）、発信の手段・方法、一方的・双方向コミュニケーション等について考察します。

4回目	国際コミュニケーションと外交（1）	外交の基本を学んだ上で国際コミュニケーションと外交の関係を整理します。
5回目	国際コミュニケーションと外交（2）	外交の現場における国際コミュニケーションの実態を具体的な事例を紹介しながら学びます。
6回目	カントリースタディ（1）スイス	国際的にあらゆる分野で評価が高いスイスにおける国際コミュニケーションについて学びます。
7回目	カントリースタディ（2）オーストラリア・ブルガリア	ミドルパワー国オーストラリアとブルガリアにおける国際コミュニケーションについて学びます。
8回目	カントリースタディ（3）中東	多くの人が苦手と考えている中東（イラン・クウェート）における国際コミュニケーションについて学びます。
9回目	カントリースタディ（4）アメリカ	最も影響力があると言われるアメリカにおける国際コミュニケーションについて学びます。
10回目	カントリースタディ（5）日本	日本における国際コミュニケーションについて学びます。特に日本及び日本人の国際コミュニケーション上の弱点を明確にします。
11回目	国際社会で活躍するために（1）英語力	国際コミュニケーションにおける英語の役割を学んだ上で、国際社会で活躍するために必要な英語力の向上について扱います。
12回目	国際社会で活躍するために（2）スピーチ力	多くの日本人が苦手と考えているスピーチについて学び、スピーチ力の向上について説明します。

13回目	国際社会で活躍するために（3）SDGs力	国際コミュニケーションにおけるSDGsの役割について学びます。
14回目	国際社会で活躍するために（4）女性力	国際社会で活躍している日本及び世界の女性から何が学べるかを考えます。
15回目	まとめ・国際コミュニケーション力最終自己診断	今までの授業の全体像を確認した上で第1回目に行った国際コミュニケーション力自己診断を再度行い、現時点での客観的評価を行い、今後の課題を考えます。

授業基礎

インタラクティブ授業を目指す。学生とともに学ぶ姿勢が重要。

● 授業方法・内容はすべて自分で決める

　採用が決まった後、授業が始まるまでに大学から授業に関して何らかの説明・ガイダンス・研修あるいは関係教員との打ち合わせみたいなものがあるのかなと思っていたが、基本的にそういうものはどこの大学でもなかった。唯一、英語の共通科目で同じ教科書を使う場合に共通のガイドラインが示されたことがあっただけだ。基本的なコンタクトも、事務スタッフの方から教室の場所・オーディオ機器の説明などがあっただけだ。ほかの先生にアドバイスを求めることは可能かもしれないが、原則自己責任で行う。

　当初は少し心細かったが、これが「学問の自由」なのかと思い、自分の授業は自分で考えるしかないと観念し、シラバスを唯一のよりどころに自分の授業を構築した。とにかく大学の教育方針などをしっかり読み、あとはネットで同じような科目を担当している先生の動画など

を見て、そこから学ぶようにした。

　本当に毎回試行錯誤で、終わるたびにその次の授業内容を考えるという文字通りの自転車操業だった。教員生活4年目の今もこのような日々が続いている。

▶教科書の選定

　教科書も自分で決める。科目や授業内容によっては教科書が必要でない場合があるが、教科書があったほうが安心するという学生もいる。また、教える立場からも何か基本文書があったほうが教えやすいという面もあるので、私はできるだけ教科書を指定している。

　教科書もどんどん進化しており、特に語学では音声教材がダウンロードできる、オンラインの教材が使える、教科書と連動したアプリがある等々さまざまだ。

　内容が新しいことも重要なので基本的にできるだけ新しい教科書が望ましい。だからといって自分で適当な教科書を探すのは大変だ。このような場合、大学が候補教科書リストを作成している場合や、教科書のサンプルが大学においてある場合がある。ちなみに自分の教科書はどこの大学も自分で買う。だいたい何冊か候補教科書を読み比べて決めるが、それも全部自己負担だ。

● 長い授業をどう構築するか

　授業内容・方法については本当にいろいろ迷ったが、その結果、自分の経験・能力を最大限活用するしかなく、あとは毎回授業内容を反省し、それをベースに少しずつその後の授業を改善するしかないと考えている。

　私はどのクラスでもいきなり本題に入らず、最初は少しウォームアップするようにしている。いろいろな理由で遅刻する学生が必ずいるので、そのような学生を待つという意味もある。ウォームアップではちょっと雑談をしたりして、学生の緊張感をほぐし、その後、今日の学習内容の概要を説明し、学生に心の準備をしてもらう。

　学習内容がクラスにより異なるが、共通して行っていることは授業内容と方法の両方について単調にならないようにしている。90分はとても長く、この間常に学生が授業に集中することは極めて困難だ。講義、対話、動画、ミニテストなど時々授業内容・方法を変化させて学生の集中力が保てるようにしている。

　90分でも長いが、最近100分とか105分という大学もある。これはかなり長い。途中休憩を取ってもいいことになっている大学もあるが、かなり準備をしっかりやらないと時間が余ってしまうことになる。

ときどきサプライズを行うことも効果的だ。例えば突然「それではこれから皆さんの意見を聞きます！」と言うと、学生はほぼ全員こちらを見る。学生の様子を探りながら臨機応変に授業を行うことが重要だと思う。授業の最後に今日の授業内容をまとめることや課題を出すことも効果的だ。授業が予定より早く進み、時間が余ってしまう場合も結構ある。このような場合、あまり早く授業を終えるのはもったいないので、関連動画、参考文献・参考書などの紹介を行ったり、学生から授業に対するコメントを聞いたりしている。

◉授業内容は最新の情報をベースに

　どのクラスでも最新の情報に基づき授業を行うことが重要だと思う。教科書・参考書ではどうしてもこのような情報を踏まえることができないので、それを補完し、学生に最新の情報を提供したほうが、学生にも有益だ。

　例えば英語のリスニングのクラスの場合、私はニュース英語を使って授業を行っているが、教科書の内容はどうしても古くなってしまう。これを補うために授業直前までBBCやCNNのニュースをチェックし、それをできるだけ授業で活用するようにしている。

　アメリカ社会入門の授業も同じで、教科書や参考書の

内容を補足するためにネットで最新の情報を入手して授業に臨むようにしている。

● どの授業にも求められるインタラクティブ授業

現在、どの大学、どの科目でもできるだけインタラクティブな授業を行うことが求められる。インタラクティブ授業とは簡単に言うと、一方的に講義をするような授業方法ではなく、学生に何らかの形で参加してもらいながら進める授業だ。

シラバスの項目にどのようなインタラクティブ授業を行うかを明記することが求められる場合や、学生の授業評価項目にどのようなインタラクティブ授業が行われたかを回答する場合もある。やはりインタラクティブ授業の基礎と具体的な手法を学び、自分の授業に積極的に生かし、また常に改善努力をすべきである。

一般的に語学等の少人数の授業はインタラクティブ授業がやりやすいが、大教室で100人前後受講生がいる講義形式の授業の場合は、受講生全員が参加する方法は難しい。ただ、後述するが、多くの大学は学生と教員が携帯・パソコンでコミュニケーションを取れるシステムを設けているので、これを活用すればある程度インタラクティブ的な授業は可能だ。このシステムを使って授業中に学生から質問を受けたり、コメント・感想などを聴取

したりすることができる。

● インタラクティブ授業の特徴

JREC-IN Portalによればインタラクティブ授業の特徴は以下だ。
・学生は、授業を聞く以上の関わりをしていること
・情報の伝達より学生のスキルの育成に重きが置かれていること
・学生は分析、評価などに関わっていること
・学生は読む、議論する、書くことに関与していること
・学生が自分自身の態度や価値観を探求することに重きが置かれていること
・問題解決のために知識を使ったり、人に話したり、書いたり、発表したりすること

● インタラクティブ授業について学べる動画

インタラクティブ授業に関する参考書・ネット情報はたくさんあるが、おすすめなのはシラバスの項で紹介したJREC IN Portalにある動画教材「インタラクティブ・ティーチングコース」だ。これを見れば短時間で基本的なインタラクティブ授業に関する基本的なことが理解できる。

インタラクティブ・ティーチングコースの概要は以下だ。私はインタラクティブラーニングについての基礎知識が全くなかったので大変参考になった。さらに学びたい人はネットで検索すればより詳しい情報を得ることができる。この動画はJREC-IN Portalの右上にある目次のコンテンツを見る→おすすめ→おすすめ一覧に行き、このページの下の方にある一覧へ→画像リンクコンテンツ一覧に行くと「インタラクティブ・ティーチング　大学教員になる準備をしよう」がある。この動画のWeek 1と2がアクティブラーニングについてである。各Weekに内容別に10分前後の動画が数本掲載されている。

・基礎
　インタラクティブラーニングの基礎、現状、方法について学ぶ
・技法
　インタラクティブラーニングの具体的な4つの技法について学ぶ

◉ 授業スタイルはほかの先生から学ぶ

こうしてなんとか自分なりの授業の形が完成していくと、授業をやっていて「このやり方で本当にいいのだろうか？」、「ほかの先生はどうしているのだろう？」と悩

んだりもする。そういう場合は他の先生にアドヴァイスを求めてみるとか、MOOC（後述）などの授業を見ると参考になる。

　私の場合は、授業に協力してくれたゲストからいろいろ学ぶことができた。教育関係者だけでなくいろいろな分野で活躍している人にゲストとして参加してもらった。どのクラスでもゲストは大歓迎され、学生もとても喜んでくれた。学生としても同じ教員ばかりから話を聞くよりは刺激もある。私自身も学生への話し方、質問の仕方、パワーポイントの使い方などとても勉強になった。特に若いゲストはこれらがとても上手で参考になった。授業を助けてもらった上に授業ノウハウも学べるのでおすすめだ。

　なお、どこの大学でもゲストを招く場合には事前に大学側に話を通しておくなどの手続きが必要で、特に謝礼が必要な場合は手続きに時間がかかるので、ゲストを呼びたい場合は早めに準備したほうが良い。

授業応用

> 授業では失敗を恐れずいろいろチャレンジ。
> 学生の授業評価は次年度に生かす。

▶ 試行錯誤で授業ノウハウを学ぶ

　ここではさまざまな授業関係のノウハウなどを紹介する。まず各大学にある授業・学生管理システムを説明し、次に具体的な授業スキルを紹介する。これまで何回か紹介したJREC-IN Portalに大学教員になるための準備のための「インタラクティブ・ティーチング」という動画の各「Week」の後半に「SKILL SESSION」というのがあり、これが大変参考になる。

　次にいろいろな人の授業ノウハウを学べるMOOCを紹介する。そして、成績付与関係の例とレポート評価の例を示す。後者は私自身が授業で用いているものだ。

　最後に学生による授業評価に言及する。現在ほとんどの大学で何らかの方法で行われている。匿名回答が多いので、結構教員に対して厳しい評価もある。これは謙虚に受け止めて次年度の授業で改善すべきだ。学生による授業評価については指摘された事項についてのコメント

を大学や学生にフィードバックすることが求められることもある。

● 大学の授業・学生管理システム概要

ほとんどの大学が授業・学生管理サイトやアプリを有している。UNIPA、manaba、WebClassなどがポピュラーだが、大学独自のシステムの場合もある。どのシステムもできることはだいたい同じだ。課題・レポートなどもすべてオンラインで配布・採点ができるのでとても便利だ。

ほとんどの場合、携帯でも使用できるので、授業中学生とやりとりすることも可能だ。

学生管理	出欠登録　大学からの各種連絡 休講・補講連絡
授業関係	資料配布　課題・レポート管理 アンケート　シラバス閲覧
連絡機能	教員・学生間のメール連絡システム
教員用	シラバス管理　成績管理　休講・補講管理

学生の出席管理同様、講師の出勤システムも大学により差がある。多いのは出勤時にプラスチックIDカードをカードリーダーにかざす方式だが、出勤時だけでいいところもあれば、出勤・退勤の2回方式の大学もある。

ちゃんと最後まで授業をやれ、ということだと思う。その一方でIDカードは紙で、出勤チェックが一切ないところや、そもそも講師にはIDカードが支給されない場合もある。

▶ 授業スキルが学べる動画

これはとても役に立ったのでおすすめである。

前述の「インタラクティブ・ティーチング　大学教員になる準備をしよう」の動画には授業スキルが学べる動画もあり大変役に立つ。

概要は以下だが、どれも具体的で分かりやすい内容だ。私がこの動画を見つけたのは授業を始めてから1年後くらいの時だったが「なるほど、こうすれば良いのか！」と思った箇所がたくさんあった。この動画はWeek 1から8に一つずつテーマ別に掲載されている。1回10分程度なので便利だ。

（テーマ例）
・基本：スキルの哲学
・導入：伝わる喋り方とは
・交流：まずは自分の緊張をほぐす
・まとめ：失敗を恐れるな

● MOOC（ムーク）から学ぶ

　MOOC（Massive Open Online Courses）とはオンラインで海外や遠方の教育機関が提供する講座を受講できるシステムで、コロナ禍で活用が高まったが、もともと2008年ごろからアメリカでスタートした。日本における知名度はまだ高くはないが、大学レベルの高度な知識を多くの場合無料で学べるため、徐々に企業などで人材育成やキャリア支援に活用しようとする動きが広がっているようである。

　ほとんどの講座が原則的に無料で利用でき、年齢・性別・学歴に関係なく誰でも受講できる。パソコンとインターネット環境が準備できさえすれば、学ぶ意欲のある人は誰でも、どこにいても学べるので、MOOCは教育の可能性を大きく広げる、画期的な仕組みであるといえる。さまざまな授業があり参考になる。

　私もかなりの数のMOOCの授業を見て、自分の授業の参考にした。おすすめMOOCは以下だ。使用言語が英語の場合もあり、英語の勉強にもなる。

・JMOOC（日本オープンオンライン教育推進協議会）
　日本最大のオンライン大学講座
・Asuka Academy
　世界最高の大学講義を日本語で学べる

- gacco

  JMOOC公認のオンライン学習講座
- MOOEC

  英語学習に特化しているオーストラリアのサイト
- Coursera

  スタンフォード大学、プリンストン大学、東京大学など が講義を提供
- edX

  ハーバード大学、京都大学などが講義を提供

COLUMN

質問しない学生にどうやって質問させるか

　どのクラスでもだいたい授業の最後の方で学生に質問がないか聞くが、手を挙げる学生は少ない。どこの大学でも同じようで、これをもって、「日本の学生は消極的だ！」と非難する人がよくいる。その気持ちはよく分かるが、私は悪いのは学生ではないと思う。欧米では小さい時から「質問をする練習」をするので、大学に行っても積極的に質問をする学生が多い。

　これに比べて日本ではそのような練習をすることはほとんどないまま大学生になってしまう。最近はこれを改めようとの動きも多くなってきたが、質問をすると周りから白い目で見られることがいまだにある。だから大学生になって急に質問しろ、と言われても戸惑う学生が多い。質問したら周りの人から変な目で見られるのではないかと心配してしまう。

　私は学生に、「気軽に手を挙げる練習をしてください」と言っている。「あまり難しいことは考えないで周りの人のことは全く気にせずに、自分の感じたことをそのまま言ってください」と言っている。

　それに加え、「質問をしないことは話し手に対して、あなたの話は面白くなかったと言っているのも同じなので、話が面白かったとか役に立ったとかいう感想だけで

101

もいいので相手に伝えてください」と言っている。自分が話をして聞いている人から何もリアクションがなかったら、誰だってがっかりする。とにかく悩まないで軽い気持ちで手を挙げて質問する練習をすれば、誰でも質問が怖くなくなる。

試験、評価はシステムに入力

　私が学生の頃は先生とのやりとりはすべて紙媒体だったが、今は全く違う。課題・レポートは大学のシステムを通じて教員が提示し、学生が同じシステム経由で回答する。

　試験をする場合は従来のように紙媒体の場合もまだあるが、学生がパソコンや携帯を使って回答する場合もある。試験をする場合は授業中か学期末の試験期間中にやるかを選択できる大学が多い。

　システムは大学により差があるので慣れるまでちょっと時間がかかったが、やはり便利だ。学生の最終評価も同じようにシステムに入力する。教員の都合で休講し、補講を行う場合も、同じシステムで簡単に手続きが行える。

● 成績を決める際の注意点

　非常勤講師としてもっとも苦労しているのが成績の付け方だ。学生も大学もそれなりに納得する成績を付ける必要がある。学生から成績について直接苦情などが来たことはないが、大学から例えば「この学生の出席率は低いのでもう少し成績を下げた方がいいのではないか」と

いった連絡が来たことがある。

　どの科目もだいたい平常点（出欠、授業への貢献度）、中間・期末試験・レポートなどを総合的に判断して成績を決めるが、私はそれぞれの項目を可能な限り「数値化」して、その合計点で成績を決めている。もちろん数値化できない項目もあるが、可能な限り数字で客観的にやることにしている。

　また学生の名前・性別・学年はできるだけ見ないようにしている。どうしても見えてしまう場合もあるが、こうすると私は成績が付けやすいと感じる。

◉ 成績の付け方

　多くの大学が成績付与の指針を定めている。

　次は一般的な成績の指標だ。

S	100-90点
A	89-80点
B	79-70点
C	69-60点

　人数が多い授業では、各評価の割合の目途が定められている場合がある。

成績割合例

S	15%以内
A	15%以内
B	20-40%
C	20-40%

● 私のレポート評価方法例

　私がある授業で学生に示したレポート評価の指針は次である。

長さは適当か？	10点
読みやすいか？	10点
構成は適当か？	10点
論理的か？	20点
事実関係は正しいか？	10点
授業で学んだことが反映されているか？	10点
自分で調べたか？	10点
自分の意見を述べているか？	20点

　最後に「自分で調べたか？」、「自分の意見を述べているか？」という項があるが、最近は何でも生成AIで作ることができる。

　どの大学もチャットGPTの対応で苦労しており、教員向けの講習会などを開いている。いろいろなことを学べたが、結論からして私にチャットGPTを使って書い

た課題、レポートかどうかを見抜くことは無理だと思っている。

　最終的には学生と自分との信頼関係が一番重要で、学生には「自分で文章を書く練習を今やらないと社会人として活躍できないよ」と言うしかないと思う。

● 学生による授業評価はとても重要

　学生による授業評価項目はさまざまだが、おおむね以下のような内容が含まれる。

・授業は時間割通りに始まり、定刻に終わったか？
・シラバスに必要な情報が記載されており、授業の進め方はシラバスに沿っていたか？
・教員の説明と教材は分かりやすく、授業内容の理解を深めることができたか？
・教員は学生の質問や相談に適切に対応していたか？
・授業を受けてシラバスに記載されている授業の目的に到達することができたか？
・総合的に判断してこの授業に満足したか？
・その他この授業に対するコメント

● いくつぐらいの科目を担当するか

　ときどき「いくつぐらいの科目を担当するのが適当で

しょうか」と聞かれる。これに対しては、最初は少ない科目で始めて、慣れてきたら少しずつ増やすことをすすめている。増やす場合、同じ大学で増やす場合と違う大学を加える場合があるが、同じ大学ならいろいろ楽だが、違う大学だと違うスクールカラーの学生と接することができ、これはこれで楽しい。

担当科目も同じような科目ならあまり苦労しないがマンネリ化してしまう可能性がある。あえて全く違う科目にチャレンジし、授業が惰性にならないようにするのもおすすめだ。

何コマぐらいが適当かは個人差があるので何とも言えないが、どの授業でも相当の肉体的・精神的体力が必要なので、特にシニアは無理をしないほうがよいと思う。元気な若い先生には週10コマ以上担当している人がたくさんいる。次のステップのため実績を重ねているのだと思う。

● 契約更新の基本的な流れ

非常勤講師はどの大学でも1年契約だ。だいたい秋の初め頃に大学から「来年度も勤務できるか、できる場合、対応できる曜日時間はいつか」という調査がくる。この後、来年度担当授業が決まり、シラバスの作成という流

れになる。

　正式な契約書などは３月頃になる。ただ自動的に契約が更新されるわけではない。しかるべき理由があれば大学側は延長を拒むことができる。過度に心配する必要はないと思うが、ちゃんとシラバスに沿って授業を行い、学生の指導を行い、学生からもそれなりの評価を得ることは最低限必要だ。

第4部

非常勤講師あれこれ

試行錯誤の日々。困ったら学生に助けてもらおう。

ハラスメントの知識を身につける

　非常勤講師は基本的に自分の授業だけやればいいので、他の教員との接触・交流はあまりない。共通科目の場合は関係教員との打ち合わせがあるが、それもZOOMが多い。一番お世話になるのが事務局の職員だ。分からないこと、困ったことがあれば助けてもらう。ただこれもほとんどがメールでできるので対面で話すことはあまりない。

　もちろん学生との関係でも基本的にコンタクトは授業だけで、あとはメールなどで対応する。こんな感じなので非常勤講師はちょっと寂しいと言えるが、自分がやりたいことだけやればいいので気楽な面もある。

　ただ気を付けなければならないのはハラスメント関係だ。大学でもアカデミック・ハラスメント、パワー・ハラスメント、セクシャル・ハラスメント対応は真剣だ。ほとんどの大学で非常勤を含む教職員全員にハラスメント研修を受けることが義務付けられている。大学特有のハラスメントについても具体的に説明があるので大変参考になる。私が教えている大学の多くは年度末にオンライン受講することが義務付けられている。

　過度に心配する必要はないかもしれないが、授業中でもアカハラやセクハラに該当することをあまり意識しな

いで行ってしまう可能性は常にあるので、気は抜けない。当初、私には関係のないことだ、と思っていたが研修を受けてみると、「え、こんなのがハラスメントになるのか」というケースがいくつも紹介されていた。

　クラス全体であれ、特定の個人に対してであれ、発言には細心の注意を払う必要がある。冗談も言えないようなクラスにはしたくはないが、アカハラもセクハラも受け手がどう感じるかが一番重要なことを忘れてはいけない。

　ハラスメント問題は日本でも教育現場だけでなく、さまざまな職場などで真剣な取り組みが取られるようになってきており、具体的な事例に関する情報も増えてきている。ここでは私は非常勤講師として重要だと感じたハラスメント問題を説明する。

　セクハラ、パワハラ、アカハラに分けて書くがこの３つは密接に関係しているから、どのハラスメントに該当するかを見極めるのは難しい。最終的には個人の良識・常識がとても重要になると思う。

●ハラスメントの例

セクシャル・ハラスメント
・基本的に女子学生との接し方が問題となるが、男子学

生でも「それでも男か！」みたいな発言は問題だ。さらに今後LGBTQの学生も増えてくるだろうから、とにかく「性別」関係の差別はしてはいけない。

・私が気をつけているのは、学生への話す際の言葉遣い、その際の距離感、視線などだ。

パワー・ハラスメント

・教員と学生という上下関係を何らかの形で悪用する場合だが、命令口調で学生に話をする、学生を強く叱責するなど非常勤講師でもありうる。

アカデミック・ハラスメント

・学生の学習を何らかの形で妨害する場合で、パワハラと混在する場合がある。

・成績・評価を公平に行わない場合も該当するだろう。自分に関係ないと思わず、目を通すべし。

▶「パワハラ」と「指導」の違いとは

　人事院が公開している「パワーハラスメント防止ハンドブック」の中では、指導とパワーハラスメントの明確な違いについて７つのポイントが挙げられている。とても参考になるので挙げておく。

	パワーハラスメント	指導
目的	・相手を馬鹿にする、排除する ・自分の目的の達成（自分の思いどおりにしたい）	・相手の成長を促す
業務上の必要性	・業務上の必要性がない（個人生活、人格を否定する） ・業務上の必要性があっても不適切な内容や量	・仕事上必要性がある、または健全な職場環境を維持するために必要なこと
態度	・威圧的、攻撃的、否定的、批判的	・肯定的、受容的、見守る、自然体
タイミング	・過去のことを繰り返す ・相手の状況や立場を考えずに	・タイムリーにその場で ・受け入れ準備ができているときに
誰の利益か	・組織や自分の利益優先（自分の気持ちや都合が中心）	・組織にも相手にも利益が得られる
自分の感情	・いらいら、怒り、嘲笑、冷徹、不安、嫌悪感	・好意、穏やか、きりっとした
結果	・部下が萎縮する ・職場がぎすぎすする ・退職者が多くなる	・部下が責任を持って発言、行動する ・職場に活気がある

● 学生便覧に目を通そう

　学生便覧は大学により内容・構成などに差があるが、採用後一度目を通すことをおすすめする。特に非常勤講

師の場合、採用後、どの大学からも大学・授業などに関し詳しい説明がないまま授業が始まるケースが多い。便覧には履修・授業・試験・成績関係の他ハラスメント関係の情報が掲載されている場合もあるのでとても便利だ。

私の経験したハラスメント問題

▶ 外務省時代に学んだこと

　外務省に入ってから初めてハラスメント問題について学んだが、それはまず外務省職員間のセクハラ問題とパワハラ問題だった。そこは普通の会社や組織と同じだと思うが、違ったのは在外公館（日本大使館や総領事館など）における外務省職員と現地で雇用された職員の関係もハラスメントの対象となる点だった。どこの国にある日本大使館も日本から派遣された外務省職員の他に現地で雇用された職員がいる。日本人の場合もあるしその国の人の場合もある。

　私はいくつかの大使館と総領事館で勤務したが、在外公館におけるハラスメント問題には国籍や使用言語の違いが大きく影響すると感じた。例えばアメリカやオーストラリアではハラスメント問題への対応が日本以上に進んでいると感じた。またアメリカ人の場合、何事も比較的にはっきり言う人が多いと感じたが、スイス人は日本人同様に少しあいまいな発言をする人が多かった。そして英語だとうまく自分の気持ちを説明できない場合があった。同じ日本人でも現地で雇用された職員は、日本から来た日本人職員とはいろいろな面で感じ方や考え方

第4部　非常勤講師あれこれ

115

が違う場合もある。したがって在外公館で勤務していた時は相手の国籍や使用言語にも注意してハラスメント問題を考える必要があった。

▶ 大学教員になって学んだこと

　大学教員になって初めて「アカハラ」について学んだが、当初ハラスメント問題はあまり自分に関係ないと思っていた。非常勤講師が学生と接するのは基本的に授業だけで、ハラスメント問題は教授などの常勤教員の問題だと思っていた。しかしその後いろいろな大学でハラスメント研修を受け、ハラスメント問題は非常勤講師にも起こり得ることで他人事ではないと認識した。

　何がハラスメントに該当するかは被害者の受け止め方が大きく影響するのはどこでも同じだが、大学で非常勤講師が一番注意するのは授業中になる。特定の学生またはクラス全員がハラスメントを受けたと感じる言動をしないように注意することが重要だ。これは対面の場合だけでなくオンラインの授業の場合も該当するし、さらに特定または多数の学生に送ったメッセージやメールなども対象になる。

　ただ授業中に何らかの理由で学生に注意したりすることはよくあり、言い方によってはハラスメントになるかもしれないと思ったことはある。さらに研修で男子学生

もセクハラの対象になりうると聞いた。例えば「男のくせに！」などの発言だ。またセクハラはLGBTQの問題とも関係してくる。大学によってはこのような学生向けの相談窓口があり、授業で留意すべき学生がいる場合はそこから連絡が来ることになっている。

● 授業で特に注意していること

　何がハラスメントに該当するか、さらにそれはセクハラかパワハラか、またはアカハラかを判断するのは難しい場合がある。受け手の感じ方や状況（一対一か、一対複数か）が大きく影響する。ある意味では授業内容以上にこの問題は難しい。だからといってハラスメント問題を過剰に意識して教員が消極的な対応をするのも問題だ。教員として指導すべきことはちゃんと対応すべきだ。

　授業でハラスメント問題をなくすためにはハラスメント問題をしっかり認識したうえで、学生との信頼関係をまず築くように努めることだと思う。これは簡単でなく時間もかかるが、これがなければハラスメント問題だけでなくそもそも授業自体も上手くいかないだろう。ただこれはとても難しいのも事実なので私はあくまでも努力目標ととらえている。

　私がよくやっているのはできるだけ率直な学生の声を聞くことだ。授業中に発言を求める、無記名のアンケー

トを取るなどの方法で授業の内容、方法、難易度などについてコメントを求める。こうすると直接自分の意見が言えない学生もいろいろ書いてくれる。また学期末に行われる学生による授業評価もとても参考になる。これらは直接ハラスメント問題の解消に貢献しないかもしれないが、学生を理解する点からはとても参考になり、学生との信頼関係を築く一つの方法だと思う。ちなみに学生との信頼関係を築くことは学生と友達になることではないと思う。あくまでも教員と学生という立場を踏まえてのことだ。

　その上で学生が女性、男性、またはLGBTQのどれに該当する場合でも一人の人間として誠意をもって対応するということに尽きると思う。特定の学生だけでなく講義などで多数の学生と接する場合も同様だ。

　例えば威圧的な態度や命令口調は避けるべきだ。不必要に個人的なことを聞くのもよくない。何か注意する場合は学生がなぜそういわれるのかを理解しかつ納得することが重要だ。先に使用言語とハラスメントについて言及したが、英語の授業で同じような問題が生じる。英語で言うと少しきつく聞こえる場合があるのだ。

　例えば「間違いましたね。」を"You made mistake."と言うと少し叱責されているように聞こえる場合がある。英語で微妙なニュアンスを伝えることはとても難しく、学生と英語で会話するときはとても緊張する。

また学生との距離感にも注意する必要がある。例えば英語の授業の場合、学生の声が小さくて発言内容がよく分からない場合がよくある。学生がマスクをしているとさらに聞こえにくい。こんな時、私は学生に少し近づくようにしているが、近づきすぎると不快に感じる学生がいる。そのような場合、私は「ゆっくり・はっきり発言してください」と言う。ほとんどの場合これで聞こえるようになる。「大きな声で話してください」と言うのはやめた方がよい。大きな声で話すことに抵抗感がある学生が多いからだ。

　とにかく授業は長いのでいろいろなことが起きる。気分が悪くなることもある。それに対して感情的な反応をすぐせずに、何か言いたいときは一呼吸おいて、自分がそんなことを言われたらどう感じるかを考えたうえで発言するのがよいと思う。発言だけでなく行動も同様に学生が不快に感じる行動はすべきでなく、学生の立場になって考え、何か別の方法を探すのがよいと思う。

学生たちと講師の今

● 授業中の学生たちの様子

　この項では、ランダムに情報や私の経験を綴ってみる。

出欠……学生が学生証を教室内のカードリーダーにかざす、あるいは授業中に教員が示した番号を学生が入力すると出席になるなど、いろいろなシステムがある。面白いのは学生が入力した位置情報が分かる場合だ。つまり教室の外で入力すると、これが分かってしまう。さらには出欠状況を父兄も閲覧できる場合もある。

魔の１限と３限……１限はだいたい９時からだが、これは学生にも教員にもつらい。だから１限は遅刻が多い。もちろん教員は絶対に遅刻できない。ただこの時間帯はどの電車も満員だ。だから私は１限に授業がある場合は、電車が混む前の朝早く家を出て、大学近くのファーストフード店で朝食をとることにしている。３限は昼食後なので眠たくなる学生がいる。

座席……コロナ禍では席と席との間隔をあけることになったが、そうでなくても学生はだいたい後ろのほうの

座席を選ぶ。これは今も昔も同じ。ただ授業をやっていて分かったのは教壇から後ろのほうは結構よく見えるということだ。逆に教壇に近い席はよく見えない。

居眠り……３限に限らず授業中居眠りする学生はいる。最初の頃は気になったが、最近は「眠くなった人はいびきをかいて周りの人に迷惑をかけないように」と冗談を言えるようになった。

携帯電話……授業中の携帯電話の使用を禁止している大学が多いが、私は分からない単語をその場ですぐ調べる目的の使用は許可している。いずれにしろ100％禁止は現実的ではないので、最終的には個々の学生の判断に任せるしかないだろう。

教室内の機器の使い方……大学によって仕組みが違うので授業前によくチェックしたほうがよい。私の場合、スピーカーの音が出ないなどのさまざまな問題に直面し、そのたびにわざわざ担当職員に教室に来てもらい、助けてもらった。

　教室のスクリーンの下ろし方が分からない時もあった。教壇にあるどこかを押せば下りてくる場合が多いので、そのボタンを探したが見つからない。走って教務室に聞きに行ったら、「黒板の横にある棒で下ろしてくださ

い」と言われた。また走って教室で確認したら、確かに黒板の横に長い棒があり、その先をスクリーンに引っかけて下ろすということだった。

　これ以外にもいろいろあり、教室と教務室の間を走る日が何日もあった。教室と教務室がかなり遠い場合もあり、こんな時は授業が始まる前から疲れてしまった。

　現在私は６つの大学・専門学校で非常勤講師を務めているが、学校や学年の違いで授業方法・内容が異なり、準備が大変だが、いろいろなことを試すことができるのは楽しい。

　講義形式だとパワーポイントを毎回50枚作り、動画を見せたりする。90分間学生が眠くならないようにするのは大変だ。

　英語などの演習科目はできるだけ学生に発言させる。シャイな学生に発言させるのは難しい。教科書がある場合もあれば、ない場合もある。教科書を忘れてくる学生もいる。１年生は緊張気味だが３年生はだいぶリラックスしている。

　スクールカラーの差も面白い。教室に入ってくるとき挨拶する学生が多い大学もあれば、全く挨拶しない大学もある。教室の前の方に座る学生が多い大学もあれば、ほぼ全員後ろの方に座る大学もある。女子大はやはりみ

なおしゃれだと感じる。共学でも男子学生が少ないクラスだと、だいたい女子学生が真ん中に座り、男子学生は隅の方におとなしく座っている。

●学生を注意するとき、叱りたいとき

前項でも少し触れたが、どの大学のどのクラスでも携帯、居眠り、私語などの問題が生じる場合がある。これにいかに対応するかは今もよく迷う。叱責口調で注意したこともあるが、効果は一時的で、しかも言った自分が嫌な気分になってしまう。いまだに試行錯誤で対応している。

根本的な問題解決ではないが多少効果があるのが、「授業中の態度が悪い場合、『成績』に影響します」と言うことだった。「成績」という言葉は学生にとり、いわばマジックワードでいつも下を向いている学生もこの言葉を聞けばほぼ全員顔を上げる。ただ効果は短期的で数週間で忘れる学生が多いのでまた同じようなことを言わなければならない。

また、学生の間違いを正すときもいきなり間違いを指摘しないことにしている。例えば英語の発言内容に間違いがある場合、まずいいところを褒めて、その後「ちなみに＊＊は＊＊に替えた方がいい英語表現になるよ」と指摘すれば、学生も落ち込まずに間違いを受け入れるこ

とができる。

携帯電話問題については授業によっては授業中に積極的に携帯電話を使い、私用で使う時間が少なくなるようにしている。例えば英語の授業で「この単語の意味を調べてください」と言えば、だいたいみんなすぐやってくれる。一時しのぎだが少なくともこの時だけは携帯電話の私用がなくなる。

● 多様化する学生―留学生・社会人・障害者

大学で教えていて毎年感じるのは学生の多様化だ。留学生は以前から多かったが、最近は中国などアジアからの留学生がどの大学でも多い。社会人経験者の学び直しも増えている。従来から大学院に入る社会人は多かったが、学部入学する人も増えていると感じる。主婦の方もいる。

障害者の大学入学は一般的にハードルが高かったが、これもだいぶ改善されている。車いすの学生はよく見かけるようになった。さらに3年生になると他の大学などから編入してくる学生もいる。

まだどの大学も高校卒業後入学というケースが多いが、少しずつこのようなさまざまなバックグラウンドを持った学生が増えることはとても良いことだと思う。普通の学生もこのような学生から学ぶことは多いと思う。

私の担当したクラスにもこのような学生が何人かいたが、概してみなとてもまじめで真剣に授業に参加しており、成績もとても良い。普通の学生に比べて気合が入っているという感じだ。何らかの障害がある学生は、大学のほうから、「この学生にはこのような障害があるので配慮してほしい」との連絡が事前にくる。例えば聴力に障害がある学生がいたので、本人とも相談し、座席はできるだけ前に座る、教壇に本人用のミニマイクを置き、私の声がよく聞き取れるようにする、音声教材でよく聞こえなかった場合は授業後本人に直接音声ファイルなどの配慮をしている。

　LGBTQ問題を含め、今後もさまざまな学生に対応する環境作りが大学には求められると思う。

◉昔より教員と学生の距離が近い

　私が学生の時は、大学の先生と授業以外で会話などをすることはなかった。唯一ゼミの先生が例外だが、その場合でも数えるくらいしか話はしていない。これに対し今は学生が大学のシステム、メールなどを通じていつでも教員に連絡が取れる。「今日体調が悪く休みます」といった連絡事項から、授業、課題、レポートなどに対する質問もある。24時間、週に7日、いつでも学生から連絡が来る。最初は戸惑ったが、今はこちらも最大限に

このシステムを活用し、授業の補足などに使っている。学生と教員の距離がとても近い。

● 一番難しいのが再履修クラス

よく「一番大変なのは何ですか」と聞かれる。これに対しては「再履修のクラス」といつも答えている。

必修科目の単位を落とすとそれが取れるまで卒業できないので、学生は必修科目は絶対に単位を取ろうとする。ただ、必ず何らかの理由でそれができない学生がいて、そういう学生を集めて「再履修クラス」ができる。クラスの雰囲気もちょっと暗く、どのように授業を行うかがとても難しい。ただ、単位を落とした理由はさまざまで、一概に学生が悪いともいえない。こういう学生には「落とし慣れ」している学生もいて、全く授業に出てこない学生もいる。そういう学生に対しては大学とも相談し、いろいろな救いの手を差し伸べる。

最終的には本人次第なのでできることには限りがある。ただ、ちょっと励ましたら、それ以降授業に来るようになった学生もいて、本当に嬉しかった。

● 就活中の学生への言葉

私はよく就活中の学生に、「私の時代は一つの職場に

私の担当したクラスにもこのような学生が何人かいたが、概してみなとてもまじめで真剣に授業に参加しており、成績もとても良い。普通の学生に比べて気合が入っているという感じだ。何らかの障害がある学生は、大学のほうから、「この学生にはこのような障害があるので配慮してほしい」との連絡が事前にくる。例えば聴力に障害がある学生がいたので、本人とも相談し、座席はできるだけ前に座る、教壇に本人用のミニマイクを置き、私の声がよく聞き取れるようにする、音声教材でよく聞こえなかった場合は授業後本人に直接音声ファイルなどの配慮をしている。

　LGBTQ問題を含め、今後もさまざまな学生に対応する環境作りが大学には求められると思う。

● 昔より教員と学生の距離が近い

　私が学生の時は、大学の先生と授業以外で会話などをすることはなかった。唯一ゼミの先生が例外だが、その場合でも数えるくらいしか話はしていない。これに対し今は学生が大学のシステム、メールなどを通じていつでも教員に連絡が取れる。「今日体調が悪く休みます」といった連絡事項から、授業、課題、レポートなどに対する質問もある。24時間、週に7日、いつでも学生から連絡が来る。最初は戸惑ったが、今はこちらも最大限に

このシステムを活用し、授業の補足などに使っている。学生と教員の距離がとても近い。

● 一番難しいのが再履修クラス

よく「一番大変なのは何ですか」と聞かれる。これに対しては「再履修のクラス」といつも答えている。

必修科目の単位を落とすとそれが取れるまで卒業できないので、学生は必修科目は絶対に単位を取ろうとする。ただ、必ず何らかの理由でそれができない学生がいて、そういう学生を集めて「再履修クラス」ができる。クラスの雰囲気もちょっと暗く、どのように授業を行うかがとても難しい。ただ、単位を落とした理由はさまざまで、一概に学生が悪いともいえない。こういう学生には「落とし慣れ」している学生もいて、全く授業に出てこない学生もいる。そういう学生に対しては大学とも相談し、いろいろな救いの手を差し伸べる。

最終的には本人次第なのでできることには限りがある。ただ、ちょっと励ましたら、それ以降授業に来るようになった学生もいて、本当に嬉しかった。

● 就活中の学生への言葉

私はよく就活中の学生に、「私の時代は一つの職場に

126

定年までいるというのが普通で、かつ望ましいと思われてきたが、皆さんの時代は、そうではなく、より自分の能力を生かせて、待遇の良い職場を目指し、アップグレードしながら何回も転職する人が多くなる、と思います。人生は長いので中長期的に就活をする必要がありますよ」と話している。

　ある職場に数年いると、こういうことに少し実力をつけたい、学びたいと感じる時がある。そういう時に環境が許すならば大学院で学び、さらに自分を磨き上げて、より上のランクの仕事を探すことをすすめている。要するに修士号を持っていると、その後の仕事探しに選択肢が広がるからだ。非常勤講師もその選択肢の一つだ。

非常勤講師となってからの変化

◉ 非常勤講師となってから受けたオファー

　非常勤講師は基本的に授業以外に何かやることは求められていないが、授業以外の学生サポートをすることを禁じられているわけではない。私も学生から私にできることに関して何か依頼があれば、可能な限り対応することにしている。例えば外務省関係の仕事についての質問に答える、アメリカ留学についての照会、いろいろな推薦状を書いてほしいといった場合だ。推薦状は普通ゼミの先生が書く場合が多いが、複数の推薦状が必要な場合がある時だ。

　また、非常勤講師になってからいろいろなところからお声がかかることになった。具体的にはさまざまな会での講演、非常勤講師をやっていない大学での特別授業、英語スピーチコンテストの審査員、教育機関の理事などだ。
　私は英語科目を多く担当しているが、今後も英語を活用した仕事は減らないと思う。日本人の英語力はどんどん向上しているが、日本人が英語を使い活躍する場も増え、よりレベルの高い英語力が求められる。大人だけで

なく子供の英語教育もより充実するだろう。このような
いろいろな英語の需要に対応できるいろいろな英語教師
が必要になる。すでにオンラインを活用したいろいろな
英語学習法があり、これは今後ますます増えるだろう。
要するに英語を教えるという仕事はこれからも重要だと
いえる。

　中学生に英語を教えてくれないかとの依頼もあった。
授業ではなく、放課後に行われる塾のようなクラスだ。
中学生に英語を含め何かを教えた経験は全くなく、かつ
今どきの中学生にどのように接していいか全く分からな
かったので断ろうと思った。

　ただ、ちょっとチャレンジしてみたいという気持ちに
なり、やることにした。最初はかなり戸惑ったが、今は
楽しくやっている。英語の歌を歌いましょう、英語を音
読しましょう、と言えば全員元気よくやってくれる。大
学生の授業だとこうはいかない。

● 自分のライフスタイルと非常勤講師

　公務員の世界と非常勤講師の世界は別世界だ。やるべ
きこと、勤務時間などが全く違うのは当然だ。一番大き
いのは公務員にはいろいろな制約があったことだ。当た
り前だが公務員にはやってはいけないこと、言ってはい
けないことなどがたくさんある。これが非常勤講師には

ない。

　もちろん今度は教員としてやってはいけないこと、言ってはいけないことがたくさんあるのだが、少なくとも公務員の時よりは少し肩の荷が下りたという感じだ。

　公務員時代の勤務時間は基本9時−5時で、これに加え、残業があったり、週末勤務があったりして、かなり予測不可能な毎日だったが、非常勤講師だと勤務時間がちゃんと1年間決まっている。

　ただし、大学の場合、授業前後にやることがたくさんある。準備、試験・レポートの採点などだ。私はどのクラスでも準備に時間がかかるし、ぎりぎりまで悩む。週末を含め授業のことを考えていることが多いので、時々公務員時代のほうが楽だったなあ、と思うことがあるが、基本的に今のライフスタイルにとても満足している。

◉ 1年間の時の流れは早い！

　春学期の初日は教員も学生も緊張する。まずシラバスに沿って授業内容、授業計画などを分かりやすく説明する必要があるが、成績関係の説明は特に重要だ。選択科目だとこれらを聞いて学生が履修するかどうかを決める。

　学生数は語学などの必修科目は20〜30人だが、選択科目の一般教養だと100人を超える場合がある。多くの

学生が履修してくれるのはうれしいが、多すぎると、学生と対話をしながらの授業は基本的に難しくなるなど理想としている授業方法に支障が出てくる。

また初日から履修者が確定するまで1〜2週間程度かかる。学生が必要な教科書などを購入するのも時間がかかるので、本格的な授業はどうしてもゴールデンウィーク後になってしまう場合が多い。そうなるとその後時間の経過が早くなり、1か月ぐらいで中間試験・レポートの時期が来て、その後また1か月後に期末試験・レポートとなる。その後8月中旬までに成績登録をしなくてはならないので、一年の一番暑い時期に2週間ほど家にこもって作業をすることになる。

そしてようやくそれが終わったらもう秋学期の準備だ。秋学期も基本的に同じような流れだが、年末年始の休みがあるので、ほとんどのクラスの授業は事実上年末までに終わり、年明けに試験・レポートとなる。

また、年末ごろからシラバス作成など来年度の授業の準備が始まる。このように1年間常にやることがいろいろあり、時間が経つのがとても早く感じるようになった。

● 人間関係のストレスが減る、服装も気楽

よく「外交官だったなら、社交的なんでしょう？」と言われるがこれは大間違いだ。私はとても人見知りする

タイプで、外務省に入ったことは間違っていたと何度も思った。特にさまざまな人間関係が苦手だった。ただ転職する勇気も転職の方法も分からなかったので定年まで勤めた。

これに対して非常勤講師の人間関係はあまり広くない。もちろん広げることは可能だし、そうすることが望ましいのかもしれないが、最終的にどうするか基本的に個人の判断なので、今までのような職場の人間関係からくるストレスはあまりない。とても楽になった。

私が行っている大学で教員の服装について規定がある大学はないので、ネクタイは着用していない。これはとても楽だ。かといってあんまりカジュアルなのもNGなのでジャケットは着ている。

● 辞めたくなったら？
〜非常勤講師職は回転が速い〜

講師室で最近見かけない先生がいる場合や逆に新しい先生を見かけることがよくある。辞める理由はさまざまだろうが、やりたいと思ってやってみたが、自分には合わない、あるいは無理だと思うことがあるのは非常勤講師もほかの仕事と同様だと思う。

また基本単年度契約なので辞めるのは比較的簡単だ。私も自信がなくなり何回か辞めようかと思ったことがある。その時は、せっかくこのような機会を与えてもらっ

たのだから、諦めずに自分のスタイルでリラックスして
やろうと思い直した。

　どうしても辞める必要がある場合は、とにかく早めに
大学側に連絡することが重要だ。非常勤講師希望者は多
いと言っても採用にはそれなりの時間と手続きが必要だ
から連絡はとにかく早い方が良い。

第4部　非常勤講師あれこれ

第5部

授業に役に立つ
パソコン操作

パワーポイントとYouTubeのショートカットキー、
タッチジェスチャーを活用する。

オンライン授業は今後もありうる

　2020年4月〜2022年3月頃までは、コロナ禍による
オンライン授業も大変だった。よくあるミスはほとんど
やってしまった。学生から何回も「声が聞こえませ
ん！」「動画が見られません！」と言われたり、授業中
に学生の家のペットが騒ぐなどのハプニングもあった。
　ある授業で開始20分ぐらいのところで学生から声が
聞こえてないという声が上がった。「どこから？」と聞
くと「最初からです」と言われ、仕方がないのでもう一
度最初から始めた。内心「もっと早く言ってよ！」と言
いたかったが、聞こえないと伝えてきてくれた学生には
感謝すべきと思った。オンラインで発言することは結構
勇気がいる。この学生が勇気を出して発言してくれな
かったら、最後まで聞こえないままだったかもしれない。
　授業が自分で考えていたシナリオ通りに進まないこと
も多かった。話が長くなり、予定していた内容を全部カ
バーできないまま終わる、逆に早すぎて時間が大幅に
余ったこともあった。学生の名前を間違えることは頻繁
にあった。退屈そうにしている学生が気になり授業に集
中できないこともあった。

　コロナ禍で急にオンライン授業がどこでも行われるよ

うになったが、今後も何らかの形で続くと思われる。例えば私の場合、コロナの濃厚接触者になってしまった学生向けにオンライン補講を行ったことがある。今後もやむを得ない理由で学生が対面授業を受けることができない場合、オンライン授業を行うという可能性はあると思う。

　オンライン授業ではZOOMやMicrosoft（MS）Teams、Google Meetなどがあるが、誰もが焦ったり、緊張したりすると誤操作をしてしまう。ショートカットキーを駆使すると、それが緩和される。授業に役に立つZOOMとMS Teamsのショートカットキーを紹介する。

　なお大学内であれ、自宅であれWi-Fiが使えなくなることは結構ある。私はこのような万が一の場合に備え、いわゆる「ポケットWi-Fi」を使用している。当初はかなり高額だったが最近はいろいろなサービスがあり、リーズナブルな価格のものも増えてきた。

　なお、パワーポイントを使うとき、パソコン画面ではなく、スクリーン画面を見ながら話をするほうがよい。このためにはパワーポイントのスライドを動かすことができる機能が付いたレーザーポインタを使用すると便利だ。

　私が授業でよく使うショートカットキーは以下だ。こ

れ以外にもいろいろあるので個人の授業スタイルなどに合わせて活用するとよい。なおパソコン・キーボードによっては違う場合がある。

● パワーポイントのショートカットキー

スライドショーでプレゼンテーションをしている最中、マウス操作が難しい状況でもショートカットキーを使えば、スムーズなプレゼンテーションを行うことができる。

最初から開始	[F5]	最初のスライドからスライドショーを開始するには、[F5] キーを押します。
現在のスライドから開始	[Shift]+[F5]	現在選択しているスライドから開始するには、[Shift]+[F5] キーを押します。
次のスライドに進む	[Enter]	次のスライドに進むには、[Enter] キーを押します。
前のスライドに戻る	[Backspace]	前のスライドに戻るには、[Backspace] キーを押します。
指定したスライドに移動	[数字キー]、[Enter]	特定のスライドに移動するには、スライド番号を押してから [Enter] キーを押します。
スライドの終了	[Esc]	スライドショーを終了するには、[Esc] キーを押します。

ペン	[Ctrl]+[P]	スライドショー中にマウスポインタをペンに変更し、スライドに書き込みする際には、[Ctrl]+[P] キーを押します。
蛍光ペン	[Ctrl]+[I]	スライドショー中にマウスポインタを蛍光ペンに変更し、スライドに書き込みする際には、[Ctrl]+[I] キーを押します。
消しゴム	[Ctrl]+[E]	書き込みした内容の一部を削除する場合は、[Ctrl]+[E] キーを押し、マウスポインタを消しゴムに変更し、削除したい書き込みを選択します。
全削除	[E]	すべての書き込みを削除するには、[E] キーを押します。
レーザーポインタ	[Ctrl]+[L]	[Ctrl]+[L] キーを押すことで、マウスポインタがレーザーポインタ代わりとなる。

● YouTubeのショートカットキー

　YouTubeにもさまざまなショートカットキーがあり、これを使えばさまざまな形で授業中の動画再生が行える。

全般	
全画面で再生する	**f**
全画面を終了する	**Esc**
シアターモードを切り替える	**t**
ミニプレーヤーで再生する	**i**
ミニプレーヤーを終了する	**Esc**
検索ボックスにカーソルを移動する	**/**
キーボードショートカットを表示する	**Shift ＋ /**
再生	
一時停止・再生する	**Space ／ k**
5秒巻き戻す	**←**
5秒早送り	**→**
10秒巻き戻す	**j**
10秒早送り	**l**
動画の 10 ～ 90% の位置に移動する	**1～9**
動画の先頭に移動する	**Home ／ 0**
動画の最後に移動する	**End**
再生速度を上げる	**Shift+.**
再生速度を下げる	**Shift+,**
前の動画を再生する	**Shift+p**
次の動画を再生する	**Shift+n**
音量	
ミュートを切り替える	**m**
音量を5% 上げる	**↑**
音量を5% 下げる	**↓**

字幕	
字幕をオン・オフする	c
文字の透明度を調整する	o
字幕枠の透明度を調整する	w
文字のサイズを大きくする	+
文字のサイズを小さくする	–

● Windows11タッチジェスチャー

　授業中焦るとマウスの誤操作をしてしまうことがよくある。私はそれを正そうとしてさらに混乱してしまったことがよくあった。タッチジェスチャーを使うとマウスよりこのようなミスが減るので、タッチジェスチャーが使えるパソコンを持っている場合は是非使うことをおすすめする。

アクション	Gestures
項目の選択	画面をタップする
スクロール	画面に2本の指を置き、水平方向または垂直方向にスライドする
拡大または縮小する	画面に2本の指を置き、ピンチインまたはストレッチアウトする
その他のコマンドを表示する（右クリックなど）	アイテムを長押しする
開いているすべてのウィンドウを表示する	画面上で3本指で上にスワイプする

デスクトップを表示する	画面を下に3本指でスワイプする
最後に開いたアプリに切り替える	画面の左または右に3本指でスワイプする
通知センターを開く	画面の右端から1本の指でスワイプする
ウィジェットを表示する	画面の左端から1本の指でスワイプする
デスクトップの切り替え	画面の左または右に4本指でスワイプする

● ZOOMのショートカットキー

　コロナ禍でZOOMの利用が世界中に広まり、日本でも授業をZOOMで行う大学が多かった。使い方が簡単でチャットなどの機能も便利で私もかなり活用した。

　現在大学の授業は対面が基本だが、私は今もときどきZOOMを使っている。学生が何らかの理由で大学には来ることができないが自宅などで授業が受けることができる場合だ。

　また大きな教室の授業の場合、後ろの席だとスクリーンがよく見えないことがある。このような場合、ZOOMを使えば学生が自分のパソコンで見ることができる。学生によるプレゼンの場合もZOOMの画面共有を使えば学生は使い慣れている自分のパソコンでプレゼンを行うことができる。プレゼンを行う場合ほかの人の

PageUp	前の25件のビデオストリーミングをギャラリービューで表示する
PageDown	次の25件のビデオストリーミングをギャラリービューで表示する
Alt	一般設定の常にミーティングコントロールを表示するオプションをオン/オフにする
Alt+F1	ビデオミーティングでアクティブなスピーカービューに切り替える
Alt+F2	ビデオミーティングでギャラリービデオビューに切り替える
Alt+F4	現在のウィンドウを閉じる
Alt+V	ビデオを開始/停止する
Alt+A	オーディオをミュート/ミュート解除する
Alt+M	ホスト以外の全員のオーディオをミュート/ミュート解除する 注:ミーティングのホストのみ
Alt+S	画面共有を開始/停止する 注:ミーティングコントロールのツールバーが起動している場合のみ有効
Alt+Shift+S	新しい画面共有を開始/停止する 注:ミーティングコントロールのツールバーが起動している場合のみ有効
Alt+T	画面共有を一時停止/再開する 注:ミーティングコントロールのツールバーが起動している場合のみ有効
Alt+R	ローカル録画を開始/停止する
Alt+C	クラウド録画を開始/停止する
Alt+P	録画を一時停止/再開する

第5部　授業に役に立つパソコン操作

Alt+N	カメラを切り替える
Alt+F	全画面表示を有効にする/終了する
Alt+H	ミーティング中のチャットを表示/非表示にする
Alt+U	参加者パネルを表示/非表示にする
Alt+I	招待ウィンドウを開く
Alt+Y	挙手する/手を下げる
Alt+Shift+R	リモートコントロールを取得する
Alt+Shift+G	リモートコントロールを停止する
Ctrl+2	アクティブスピーカーの名前を読み上げる
Ctrl+Alt+Shift+H	ミーティングコントロールをフロート表示/非表示にする

パソコンだとスムーズにできない場合があるので便利だ。

● MS Teamsのショートカットキー

　MS Teamsもコロナ禍で利用が高まり、大学によってはこちらを利用していたところがあった。基本的な機能はZOOMと同じだが、チーム別に資料を配布する、課題を提示し回収するといった機能はZOOMにはないので授業では便利だ。今も大学によっては大学のシステムを補う形でTeamsを使っているところがある。

操作内容	デスクトップ アプリで押す	Webアプリで押す
ビデオ通話を受け入れます。	Ctrl+Shift+A	Ctrl+Shift+A
音声通話を受け入れます。	Ctrl+Shift+S	Ctrl+Shift+S
通話を拒否します。	Ctrl+Shift+D	Ctrl+Shift+D
音声通話を開始します。	Ctrl+Shift+C	Ctrl+Shift+C
ビデオ通話を開始します。	Ctrl+Shift+U	Ctrl+Shift+U
音声通話を終了します。	Ctrl+Shift+H	ショートカットなし
ビデオ通話を終了します。	Ctrl+Shift+H	ショートカットなし
ミュートを切り替えます。	Ctrl+Shift+M	Ctrl+Shift+M
一時的にミュートを解除します。	Ctrl+Space	Ctrl+Space
浮き上がった手（スクリーンリーダー）を読み上げます。	Ctrlキー +Shiftキー +L	Ctrlキー +Shiftキー +L
手を上げたり下げたりします。	Ctrl+Shift+K	Ctrl+Shift+K
画面共有セッションを開始します。	Ctrl+Shift+E	Ctrl+Shift+E
ビデオの切り替え。	Ctrl+Shift+O	ショートカットなし
現在のリストをフィルター処理します。	Ctrl+Shift+F	Ctrl+Shift+F

操作内容	デスクトップ アプリで押す	Webアプリで押す
共有ツールバーに移動します。	Ctrl+Shift+Space	Ctrl+Shift+Space
画面共有を拒否します。	Ctrl+Shift+D	ショートカットなし
画面共有を受け入れます。	Ctrlキー +Shiftキー +A	ショートカットなし
ロビー通知からユーザーを許可する。	Ctrl+Shift+Yキー	ショートカットなし
［背景設定］メニューを開きます。	Ctrl+Shift+Pキー	ショートカットなし
会議のスケジュールを設定します。	Alt+Shift+N	Alt+Shift+N
現在の時刻に移動します。	Alt+Period(.)	Alt+Period(.)
前の日または週に移動します。	Ctrl+Alt+左方向	Ctrl+Alt+左方向
次の日または週に移動します。	Ctrl+Alt+右方向	Ctrl+Alt+右方向
日を表示します。	Ctrl+Alt+1	Ctrl+Alt+1
作業週を表示します。	Ctrl+Alt+2	Ctrl+Alt+2
週を表示します。	Ctrl+Alt+3	Ctrl+Alt+3
会議出席依頼を保存または送信します。	Ctrlキー +S	Ctrlキー +S
会議の詳細から参加します。	Alt+Shift+J	Alt+Shift+J
推奨時間に移動します。	Alt+Shift+Sキー	Alt+Shift+Sキー

あとがき

　大学などの教育機関の教員になりたい人は、JREC-IN Portalでいろいろな教員求人情報を今から毎日チェックすることを強くおすすめする。そうすれば数日で、どのような教育機関で働けそうかということと、そのためには何が必要かということがだいたい分かると思う。

　次に修士号を持っていない人は修士号の取得計画を立てる。修士号を取得することは決して簡単ではないが、今は本文で説明したように社会人が修士号を取るための環境がとても整っているのでそれが活用できる。

　私はアメリカで修士号を取得したが、本当に大変だった。特に毎回課されるリーディングアサインメントをこなすのに苦労した。修士論文も何度も諦めそうになった。大学はサンフランシスコの近くだったが、授業で忙しくサンフランシスコへは結局一度も行けなかった。

　修士号を目指したのは修士課程に入ったのだから当然だと思っていたからで、外務省退職後の人生に生かそうなどとは全く考えていなかった。今は本当に修士号をあの時取ってよかったと思っている。これがなければ大学で教えることはできなかっただろう。

　本文で専門学校についても説明したが、私は日本社会が四大卒中心社会で専門学校や短大を卒業した学生がそ

の実力に合う評価を得ていないのではないかと思っていた。これに比べ、私が勤務したスイスでは比較的早い段階で普通の大学に行く進路と職業訓練学校に行く進路が分かれる点では日本と似ているがその後が全然違う。後者を選択した人もしかるべき社会的な地位が与えられ、給与面では大卒よりも優遇されることも多い。

　日本の場合は専門学校や短期大学に行くのは四年制大学より学力が低い学生だと思っている人が多いような気がするが、私の経験からこれは完全に間違っている。このようなことからも私は専門学校生を今応援できるのは幸せだと思っている。

　いずれにしろ教員はなるのも大変だし、なってからも大変だが、とてもやりがいがあるので、ぜひ挑戦してほしい。

参考資料

本文で言及したデータに関連した資料を中心にまとめています。
毎年情報は更新されていますので、最新データは各サイトでご確認ください。

■スタディサプリ社会人大学院

https://shingakunet.com/syakaijin/tg/
リクルート社は毎年夏頃に、スタディサプリ社会人大学院の最新版を発売している。

■月刊先端教育

https://www.sentankyo.jp/
先端教育機構が発行している月刊先端教育には教員になるため及びなってから役にたつ記事が多数掲載されている。先端教育機構は社会構想大学院大学・事業構想大学院大学の運営母体。

■旺文社教育情報センター

https://eic.obunsha.co.jp/
旺文社教育情報センターのサイトには大学に関するさまざまな有益な情報が掲載されている。

■学校基本調査

https://www.mext.go.jp/b_menu/toukei/chousa01/kihon/1267995.htm
文部科学省は毎年12月ごろに最新の学校基本調査をホームページで公表している。

■専門分野一欄表

https://www.mext.go.jp/b_menu/shingi/gijyutu/gijyutu4/toushin/attach/1337810.htm
日本学術振興会や文部科学省のホームページには専門分野の一覧表が掲載されている。
上記URLは文部科学省内の『「系・分野・分科・細目表」付表キーワード一覧』。

■月刊英語教育

https://www.taishukan.co.jp/magazine/
大修館書店発行の月刊英語教育には英語教育に関するさまざまな情報が掲載されている。

著者プロフィール

二階堂 幸弘 (にかいどう ゆきひろ)

北海道旭川市生まれ。
家族：妻とトイプードル、子供２人はすでに独立。妻は料理研究家の二階堂多香子で、著書に『あなたがもっと素敵に輝く また会いたくなる人のマナー』（KADOKAWA）がある。

著書
『ジャパニーズイングリッシュでいい！』（2022年、文芸社）

（学歴）
AFS高校生交換留学にてアメリカ留学
慶應義塾大学法学部学士
カリフォルニア大学バークレー校 政治学修士
コロンビア大学東アジア研究所 プロフェッショナルフェロー

（職歴）
外務省（海外勤務：オーストラリア、ブルガリア、イラン、アメリカ・ニューヨーク、クウェート、スイス）
日本国際問題研究所　研究調整部長
世界平和研究所　主任研究員

（2024年現在、非常勤講師をしている学校）
学習院女子大学（英語担当）
流通経済大学（英語担当）
東京未来大学（英語担当）
東京成徳大学（アメリカ研究担当）
大妻女子大学（国際コミュニケーション担当）
東京声優国際アカデミー（国際コミュニケーション担当）
学習院女子大学語学教育センター英語力養成講座（学習院中等科生徒向け講座）

（社会活動）
特定非営利活動法人 美・JAPON（着物文化を世界に紹介する団体）理事
東京声優国際アカデミー評議員
赤十字語学奉仕団団員
JICAシニアボランティアの会メンバー

社会人が大学講師になるためのマニュアル
定年後は自分の経験を大学で生かそう

2024年9月15日　初版第1刷発行

著　者　二階堂 幸弘
発行者　瓜谷 綱延
発行所　株式会社文芸社
　　　　〒160-0022　東京都新宿区新宿1－10－1
　　　　　　　　　電話 03-5369-3060（代表）
　　　　　　　　　　　 03-5369-2299（販売）

印刷所　株式会社エーヴィスシステムズ

©NIKAIDO Yukihiro 2024 Printed in Japan
乱丁本・落丁本はお手数ですが小社販売部宛にお送りください。
送料小社負担にてお取り替えいたします。
本書の一部、あるいは全部を無断で複写・複製・転載・放映、データ配信する
ことは、法律で認められた場合を除き、著作権の侵害となります。
ISBN978-4-286-24812-7